2017年广西哲学社会科学规划研究课题
"广西财政精准扶贫的收入分配效应研究（17FJY020）"研究成果

财政扶贫的
收入分配效应研究

Study on the Income Distribution Effect
of Financial Anti–poverty

朱良华 著

中国财经出版传媒集团

经济科学出版社

Economic Science Press

图书在版编目（CIP）数据

财政扶贫的收入分配效应研究／朱良华著 . —北京：
经济科学出版社，2019. 3
ISBN 978 - 7 - 5218 - 0401 - 0

Ⅰ. ①财… Ⅱ. ①朱… Ⅲ. ①财政政策 - 影响 -
国民收入分配 - 研究 - 中国 Ⅳ. ①F124. 7

中国版本图书馆 CIP 数据核字（2019）第 051869 号

责任编辑：杜 鹏 张 燕
责任校对：隗立娜
责任印制：邱 天

财政扶贫的收入分配效应研究

朱良华 著

经济科学出版社出版、发行 新华书店经销
社址：北京市海淀区阜成路甲 28 号 邮编：100142
编辑部电话：010 - 88191441 发行部电话：010 - 88191522
网址：www. esp. com. cn
电子邮件：esp_bj@ 163. com
天猫网店：经济科学出版社旗舰店
网址：http：//jjkxcbs. tmall. com
北京时捷印刷有限公司印刷
710×1000 16 开 12. 25 印张 220000 字
2019 年 4 月第 1 版 2019 年 4 月第 1 次印刷
ISBN 978 - 7 - 5218 - 0401 - 0 定价：49. 00 元
（图书出现印装问题，本社负责调换。电话：010 - 88191510）
（版权所有 侵权必究 打击盗版 举报热线：010 - 88191661
QQ：2242791300 营销中心电话：010 - 88191537
电子邮箱：dbts@esp. com. cn）

人类生活的一切不幸的根源，就是贫穷。这是明白的。因为贫穷，所以才有嫉妒、怨恨、残暴；因为贫穷，所以才有贪欲，才有一切穷人共同的对生活的恐怖和相互的疑惧。

——［苏联］高尔基《没用人的一生》

前　言

　　人类社会发展史就是一部消除贫困、追求共同富裕和公平正义的历史。反贫困是人类社会自始以来的共同任务。匮乏或短缺是贫困的外显，也是贫困的基本特征。从扶贫实践来看，贫困人口的脱贫首先表现为收入上的脱贫。收入贫困在一定程度上是能力贫困与权利贫困的综合反映。财政扶贫则是利用财政资金开展扶贫的所有扶贫行为的总称。作为国家治理的基础和重要支柱，财政积极介入扶贫行动，不仅是履行公共财政职能的要求，而且是增加社会福利、实现社会公正的要求，更是实现可持续发展的要求。

　　本书以财政扶贫的收入分配效应作为论题，结合财政扶贫实践现状，遵循"理论构建—实证分析—对策探索"的基本思路开展研究。首先，阐释了财政扶贫调节收入分配的理论基础；其次，系统分析了我国贫困地区农村收入分配现状，并在梳理我国扶贫政策演变历程的基础上重点考察了财政扶贫实践情况；再次，以广西54个贫困县为例，对财政扶贫的收入分配效应进行实证研究，定量评价了财政扶贫调节收入分配的效率，并深入剖析了相关影响因素；最后，结合实证分析结论，提出了进一步改善财政扶贫调节收入分配效率的相关建议。主要研究成果如下：

　　（1）财政扶贫调节收入分配的理论基础。财政扶贫具备收入分配功能。从路径上来看，财政一方面通过转移支付制度改善贫困人群的内部条件和外部环境，提高他们的收入，或者为贫困人口提供必要的帮扶，减少他们的各项支出，从而实现减贫；另一方面则是由财政支出借助中间媒介减贫。财政扶贫的收入分配效应是政府在运用财政资金和财政政策进行扶贫的过程中，对居民收入分配带来的影响和效果，本质上为财政专项转移支付对国民收入进行的再分配。这种分配效应具有双向性，既可能缩小收入差距，也可能扩大收入差距。对于财政扶贫的收入分配效应判定，除了传统的收入增长和收入差距调节维度之外，还应该包含减贫效应维度，这是由反贫困实践中的贫困线要求所决定的。

（2）我国农村贫困地区农村居民收入分配现状及财政扶贫实践。当前，我国贫困规模依然不容小觑，贫困人口相对集中与绝对分散并存，地区间的贫困差异明显，同步脱贫难度较大。贫困地区农村居民转移性收入增长最快，结构占比不断提高；经营性收入占比呈下降趋势，但仍是贫困地区农村居民最主要的收入来源。贫困地区农村居民收入持续增长，可是与全国的差距依然明显，收入不平等问题还是比较严峻。充分发挥财政扶贫收入分配功能，有效发挥财政扶贫调节收入分配的积极效应显得尤其重要。为此，我国财政扶贫力度不断加大，但仍面临诸多挑战。

（3）财政扶贫的收入分配效应。广西作为西部民族地区，贫困面广、贫困程度深，脱贫攻坚难度大，具有典型意义。以广西54个贫困县为例，对财政扶贫的收入分配效应进行了实证分析。

第一，财政扶贫资金收入分配的整体效应。在其他条件不变的情况下，财政扶贫资金对贫困地区农村居民收入增加具有显著正的影响。财政扶贫资金投入每增加1%，贫困地区农村居民人均收入将增长0.16%。财政扶贫资金规模则对减贫具有显著影响，财政资金每增加1%，贫困发生率可以降低0.08个百分点。不过，财政扶贫资金在一定程度上扩大了贫困地区城乡收入差距。这意味着当前财政扶贫项目的实施，对农村居民收入的增长效应要弱于城镇居民，财政扶贫靶向性存在一定偏离。

第二，基于财政扶贫资金来源的收入分配效应。财政扶贫资金来源分为中央资金和地方资金。不管是中央资金，还是地方资金，均有利于贫困地区农村居民收入的增长，符合理论预期。其中，地方扶贫资金的收入增长效应大于中央资金。中央扶贫资金支出每增长1%，贫困地区农村居民收入增长0.04%；而省级财政扶贫资金支出每增长1%，贫困地区农村居民收入则可以增长0.08%。中央财政扶贫资金和地方财政扶贫资金都可以显著地降低贫困发生率，并且在1%水平上显著。不过，地方财政扶贫资金可以显著地缩小贫困地区城乡居民收入差距，而中央扶贫资金支出对城乡居民收入差距的调节作用不显著。

第三，不同财政扶贫资金支出结构的收入分配效应。从实证研究结果来看，扶贫发展资金、少数民族发展资金、其他专项资金可以显著地提高贫困地区农村居民收入，而以工代赈资金、易地搬迁资金对于贫困地区农村居民收入增长的影响不显。在其他条件不变的情况下，扶贫发展资金每增加1%，农村居民收入则增长0.14%。少数民族发展资金每增加1%，农村居民收入则增加 0.05%。以工代赈资金、易地搬迁资金对于贫困地区农村居民收入增长的影响不显著。其他专项资金每增长 1%，农村居民收入则增长 0.01%。扶贫发展资金、少数民族发展资金、其他专项资金均可以降低贫困发生率，而以工代赈资金、易地搬迁资金的减贫效应均不显著。扶贫发展资金每增加 1%，可以降低贫困发生率 0.09 个百分点。少数民族发展资金每增加 1%，可以减少贫困发生率 0.03 个百分点。以工代赈资金不利于减贫，易地搬迁资金则具有减贫效应，但它们的影响均不显著。其他专项资金每增长 1%，可降低贫困发生率 0.01 个百分点。扶贫发展资金、少数民族发展资金、易地搬迁资金的增加均可以缩小贫困地区城乡居民收入差距，但影响力度较小，而以工代赈资金、其他专项资金对缩小城乡居民收入差距的作用则不显著。综合来看，少数民族发展资金和扶贫发展资金的收入分配效应比其他扶贫资金要有效，需要对财政扶贫资金的投向做出适当调整。

（4）财政扶贫调节收入分配的效率及影响因素。以广西 54 个贫困地区为例的 DEA 分析表明，2013～2015 年，财政扶贫调节收入分配效率一直处于较高水平，并且保持了连续增长，但是贫困县之间财政扶贫调节收入分配的效率差异较大，地区之间的效率水平不够均衡。2014 年和 2015 年的纯技术效率与规模效率出现此消彼长的变化。在每年 DEA 无效的贫困县中，位于规模报酬递增区域的贫困县数量远少于位于规模报酬递减区域的贫困县数量，反映出当前财政扶贫资金的分配面临着规模不足与规模冗余并存的矛盾。从地级市层面来看，地区间的纯技术效率和规模效率差距明显，并呈现出动态变化，这反映出各个贫困县财政扶贫对收入分配调节作用还不稳定，协同性还不够。

基于 Tobit 面板随机模型的回归结果来看，与财政扶贫调节收入分配效率正相关的影响因素主要有贫困地区以实体经济为核心的纯固定资产投资规模、公路里程数、地区经济发展水平等。通过进一步的稳健性检验发现，第一产业规模以上企业绩效与财政扶贫调节收入分配效率显著负相关；低保覆盖率则通过负向影响纯技术效率的路径制约了财政扶贫调节收入分配效率；而农作物播种面积对财政调节收入分配效率的影响不显著。

（5）提高财政扶贫调节收入分配效率的政策建议。实证分析的启示是：除了继续发挥相关影响因素的正向效应之外，应该进一步提高产业扶贫的精准性，切实保障和提高贫困人口获益水平，同时强化低保待遇的识别及动态监管。为此，提出如下建议：首先，从思想认识层面树立科学指导思想，正确看待财政扶贫事业的长期性。其次，优化财政扶贫资金分配、使用和监督机制，以及采取必要的配套措施，不断提高财政扶贫调节收入分配的绩效。

作者

2019 年 1 月

目　　录

导　　论

一、选题背景与意义

（一）研究背景

1. 全球反贫困之路依旧任重道远

贫困作为复杂的世界性难题，始终伴随着人类社会发展进程，既制约了经济发展，又妨碍了社会进步。在人类发展的历史进程中，如何缓解乃至消除贫困问题，促进社会经济和谐发展，一直是世界各国各地区不懈努力的目标。近代工业革命以来，人类在享受经济增长、科技发展、城市生活、全球化经济所带来的现代文明成果的同时，也不得不面临现代贫困带给人类社会的种种肆虐和挑战。从 16 世纪英国政府在教会慈善活动基础上组建"济贫制度"开始，人类社会从未放弃过与贫困的斗争。尤其值得一提的是，联合国在 2000 年 9 月举办的千年首脑会议上围绕"消除贫困、饥饿、疾病、文盲、环境恶化和对妇女的歧视"商定了一套有时限的目标和指标，即"千年发展目标"，该目标已成为世界各国评估反贫困成效的重要指标。

在世界各国人民共同努力之下，既定的"千年发展目标"在不同程度上取得了重要突破。到 2010 年，世界人口总数为 69.09 亿人，以日均收入低于 1.25 美元作为贫困线，贫困发生率为 22%，与 1990 年近 50% 相比，下降了一半多，极度贫困人数减少了 7 亿人，提前实现了贫困人口的减半目标。全球人口的饮用水源改善目标在 2010 年提前实现。到 2012 年，饮用水源得到改善的人口占全球人口的 89%，其中在 1990～2012 年，改善饮用水源的人口就超过了 23 亿人。所有发展中地区基本上都在 2012 年实现或接近实现了小学教育的性别均等。不过，《2014 年联合国千年发展目标报告》同时指出，世界各地区间和地区内部的脱贫进程并不完全同步，还未能实现均衡减贫。比如，由于人口增长过快，非洲大陆的经济虽然近 10 年来一直保持持续快速的增长态势，但贫困问题仍旧未得到有效缓解，贫困人口数量不降反升，非洲地区贫困人口总数占世界贫困人口总数的比例从 1990 年的 13.6% 猛增到了 2010 年的 34.1%。

当前日人均收入 1.25 美元的国际贫困线仍然偏低，如果进一步提高的话，那么世界贫困规模将会大幅上升。根据 2014 年 7 月发布的《2014 年人类发展报告》，如果按照多维贫困指数来衡量贫困人口，则在目前的 91 个发展中国家仍有近 15 亿人口被列为贫困人口，并且还有近 8 亿人口正在遭受健康、教育和生活水平等方面的脆弱性威胁，一旦遭受冲击便会出现陷入贫困的风险。人类社会反贫困之路依旧任重道远，世界各国尚需继续上下求索。

2. 我国脱贫攻坚任务艰巨，形势依然严峻

社会主义的本质要求我们必须将消除贫困、改善民生、逐步实现共同富裕作为党一贯以来的重要历史使命。从 2011 年 11 月 29 日在中央扶贫工作会议上颁布《中国农村扶贫开发纲要（2011～2020 年）》，大幅度提高扶贫标准①开始，到 2016 年 12 月 2 日出台的《"十三五"脱贫攻坚规划》，一系列的高规格会议、日益完备的扶贫举措，对我国在 2020 年实现全面"脱贫摘帽"、打赢脱贫攻坚战的国家战略进行了周密部署，为实践活动提供了有力支持和指导，也让全社会的目光高度聚焦中国农村扶贫。不容否认，在过去的三十多年里，中国的扶贫工作取得了巨大成就，但是当前打赢脱贫攻坚战的形势依然严峻。

首先，深度贫困地区脱贫难度较大。我国幅员辽阔，区域发展不平衡问题突出，以连片特困区为代表的深度贫困地区的贫困程度和贫困深度长期高于一般贫困地区。这些地区农户贫困与区域贫困共生，贫困发生率明显相对较高，贫困居民不仅收入水平低下，而且还普遍遭遇多维贫困困境。② 国家统计局贫困检测调查数据显示，截至 2016 年全国 14 个连片特困地区中有 7 个片区——西藏、四省藏区、南疆三地州、乌蒙山区、吕梁山区、六盘山区

---

① 将农村贫困线从 2009 年人均纯收入 1196 元大幅提高到按 2010 年不变价格计算的 2300 元，一次性增加了 1104 元，增长了 92%。

② 吴国宝：《中国扶贫开发和全面小康社会建设》，引自李培林、魏后凯主编：《中国扶贫开发报告（2016）》，社会科学文献出版社 2016 年版。

和滇西边境山区的贫困发生率仍然超过了12%。全国建档立卡贫困检测系统数据统计发现，2016年底"三州三区"的24个市州、209个县的贫困发生率高达16.7%，超过10%的贫困县就有146个，其中福贡县甚至达到了34.8%。① 深度贫困地区致贫因素复杂，贫困户又多居住于深山峻岭、高寒山区，生态条件恶劣；交通物流、生产生活基础设施薄弱；产业结构比较单一、生产效率不高，而区域内城镇化、工业化程度较低，就地就业机会少，造成贫困户的发展能力和发展动力不足，脱贫成本高企，难度颇大。

其次，易地扶贫搬迁任务越来越富有挑战性。我国易地扶贫搬迁工作始于2001年，在2015年被正式纳入"五个一批"精准脱贫工程，开始在全国范围内全面实施。对于"一方水土养不活一方人"的贫困地区而言，易地搬迁是重要扶贫手段。按照国家发改委发布的《全国"十三五"易地扶贫搬迁规划》，"十三五"期间，全国需要搬迁建档立卡贫困户981万人，如果算上同步搬迁的非贫困户647万人，那么总共需要易地搬迁总人口为1642万人。在接下来的2018~2020年，全国还需要搬迁392万人的贫困人口，以及需要同步搬迁259万人的非贫困人口（见表1）。经过前面几年的实施，搬迁难度小的贫困人口和区域基本上已经搬完，剩下的贫困户大多连生计问题都得不到有效解决，更别说提供需要个人承担的易地搬迁资金投入了，属于典型的"难啃的骨头"。要想在2020年实现既定的脱贫目标，扶贫部门不仅要在有限的时间内完成扶贫对象搬迁，还要妥善解决他们的生计安排，这将是一项颇具挑战性的艰巨任务。

表1　　　　　　**2018~2020年我国易地扶贫搬迁任务**　　　　单位：万人

需要搬迁的人口类型	2018年	2019年	2020年	"十三五"合计
建档立卡的贫困人口	280	100	12	981
计划同步搬迁的人口	184	68	7	647
合计	464	168	19	1628

资料来源：国家发改委，《全国"十三五"易地扶贫搬迁规划》，http://www.ndrc.gov.cn/zcfb/zcfbtz/201610/W020161031494556658763.pdf。

最后，贫困户收入增长乏力，返贫压力不断上升。表2列出了2014~

① 中国社会科学院扶贫开发报告课题组：《中国精准扶贫的进展和前瞻》，引自李培林、魏后凯、吴国宝主编：《中国扶贫开发报告（2017）》，社会科学文献出版社2017年版。

2016 年我国贫困地区农村居民五等分组的人均可支配收入，并计算得到了 2015 年、2016 年的增长速度。从绝对额来看，2016 年我国贫困地区农村居民人均可支配收入达到 8451 元，相比于 2014 年而言，增长了 1600 元，各个阶层的农村居民收入均实现了连续增长。不过，与贫困地区农村居民中高收入阶层相比，低收入阶层的收入增长幅度较小，从 2014 年到 2016 年仅增长了 378 元，仅为平均增幅 1600 元的 23.6%。尤其是，从增速来看，低收入人群收入增速大幅放缓，从 2015 年的 12.81%，下降到 2016 年的 5.28%，下降了 7.53%，呈现出明显的增长乏力态势。可见，受国际经济环境和国内经济进入新常态的影响，贫困地区农村居民低收入群体收入增速放缓趋势明显，脱贫驱动力不足，返贫压力较大。

表2　　　　　　**2014～2016 年我国贫困地区五等分组的农村居民收入与增速**

指标名称	2014 年 （元）	2015 年 （元）	2016 年 （元）	2015 年增速 （%）	2016 年增速 （%）
平均水平	6851	7653	8451	11.71	10.43
低收入组	2014	2272	2392	12.81	5.28
中低收入组	4387	4854	5328	10.65	9.77
中等收入组	6023	6687	7335	11.02	9.69
中高收入组	8082	9001	9907	11.37	10.07
高收入组	13752	15450	17295	12.35	11.94

资料来源：根据相关年份《中国农村贫困检测报告》提供的数据计算整理得到。

3. 我国农村居民收入不平等在加剧

当前，我国农村居民收入在快速提升的同时，农村居民之间的收入分配差距却并未相应缩小，收入不平等程度反而在加剧。胡志军和谭中基于城镇、农村的 20 分组数据的实证研究发现，城镇基尼系数由 2005 年的 0.3389 下降到了 2015 年的 0.3154，而农村基尼系数反而由 0.3721 上升为 0.3810。[①] 黄祖辉等也认为，从增幅来看，我国农村收入差距的变化要远大于城乡之间和城镇内部。[②]

---

① 胡志军、谭中：《我国居民收入基尼系数的估计及城乡阶层效应——基于城镇、农村收入 20 分组数据的研究》，载于《南方经济》2016 年第 6 期，第 38～50 页。
② 黄祖辉、王敏、宋瑜：《农村居民收入差距问题研究——基于村庄微观角度的一个分析框架》，载于《管理世界》2005 年第 3 期，第 75～84，169，171～172 页。

利用表 2 中的数据，对我国贫困地区农村居民各个阶层的收入差距进行了比较，如图 1 所示。可以发现，2014～2016 年，贫困地区农村居民低收入阶层与中低收入阶层、中低收入阶层与中等收入阶层、中等收入阶层与中高收入阶层、中高收入阶层与高收入阶层的收入差距在持续扩大。人们对幸福或者痛苦的主观感受直接来自和周围人的比较，同一地区、同一村庄的农户之间收入不平等的加剧，则会进一步强化贫困者的相对剥夺感。贫困地区农村居民收入差距的不断扩大，无疑会对地区经济社会发展带来不利影响，进一步增加脱贫攻坚的难度。

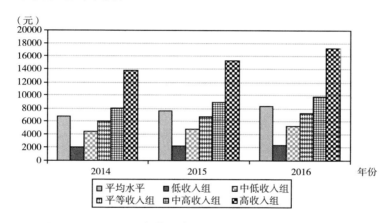

图 1　2014～2016 年贫困地区各阶层农村居民的收入比较
资料来源：根据表 2 提供的数据绘制得到。

中共十九大更是要求帮助贫困居民创造同样的美好生活。在脱贫攻坚战斗正酣的当下，我们不仅应关注贫困地区农村居民收入的增加，同时还应努力缩小贫困地区农村居民收入差距。如何将精准扶贫与农村居民收入分配问题有机结合起来统筹解决，可以说是新时代提出的新命题。

（二）研究意义

历史地看，人类社会发展就是一部反贫困史，就是致力于消除贫困、追求共同富裕的奋斗史。中国政府大规模推动农村反贫困行动已经持续三十多年了。从 2013 年开始，针对脱贫攻坚的新问题，全面推行精准扶贫、精准脱贫方略，以"啃硬骨头""攻坚拔寨"的勇气和魄力，按照"六个精准"基本要求和"五个一批"主要途径，朝着"决不能落下一个贫困地区、一个贫困群众"的目标奋勇前进。"脱贫攻坚战取得决定性进展，六千多万贫困人口稳定脱贫，贫困发生率从 10.2% 下降到 4% 以下。"① 这样举世瞩目的成就，在世界范围内绝无仅有。与全国人民一样，贫困地区的困难群众也同样拥有"日益增长的美好生活需要"。为此，中共十九大报告再次强调要"坚决打赢脱贫攻坚战"，并特别强调要"真脱贫""脱真贫"，带领困难群众创造同样的美好生活。从"真扶贫""扶真贫"到"真脱贫""脱真贫"，不仅仅是表达形式上的调整，更是昭示着精准扶贫方略将由从关注行为、关注对象向关注绩效、关注结果转变，工作重心将由精准识别与精准帮扶向精准帮扶与考核评价推进。

"十三五"时期是全面建成小康社会的决胜阶段，而 2016 年又是"十三五"时期的开局之年。系统梳理和记录财政扶贫实践进程，科学论证财政扶贫的收入分配效应，以及财政调节收入分配的绩效水平，在此基础上理性分析、揭示存在的问题和不足，并提出对策建议，无疑是具有极强的理论意义和现实意义的。

1. 理论意义

收入分配是财政的三大基本职能之一，财政扶贫则是财政在贫困地区履行这一职能的行为方式。财政的收入分配职能直接要求财政扶贫应该在贫困地区起到收入分配的调节作用，而从财政扶贫的作用机制来看，财政扶贫也确实具备收入分配功能。那么，当前财政扶贫收入分配功能发挥得如何？绩效又如何？这便是本书期望进行重点探索的问题。在现实的观照下，本书以财政扶贫的收入分配效应作为论题，结合精准扶贫实践现状，遵循"理论构建—实证分析—对策探索"的基本思路开展研究。首先，从理论层面基于财政影响收入分配的作用机理对财政扶贫收入分配效应的内涵进行了解析；其次，以广西为例，对我国财政扶贫的收入分配效应、财政扶贫调节收入分配的效率进行实证研究；最后，探讨实现贫困地区农村居民可持续增长的同时，避免农村居民收入差距扩大的政策路径，为进一步改善财政扶贫收入分配效应的实践提供借鉴。本书研究的开展，将至少具有以下理论意义：

（1）拓展了当前精准扶贫研究视野，为丰富精准扶贫理论进行了有益探索。

本书研究以财政在精准扶贫工作中的重要地位为依据，交叉融合财政学、

---

① 参见习近平总书记在中共十九大代表十八届中央委员会向大会作的报告，http://www.chi-na.com.cn/cppcc/2017 – 10/18/content_41752399.htm。

管理学、产业经济学、发展经济学的相关理论，尝试对财政扶贫的收入分配效应进行实证研究，并以数据包络分析（DEA）法为指导，构建财政扶贫调节收入分配的效率评价模型，有助于拓展当前精准扶贫研究视野。当前有一种倾向，认为凡是按照中央精准扶贫方略提出的"六个精准""五个一批"（有些地区在此基础上进行了发挥）开展的实践就均为精准扶贫，这是值得商榷的。精准扶贫不仅要求过程精准，更强调结果精准，即林林总总的扶贫政策最后是否实实在在地改善了贫困居民的收入现状、收入差距是否得到了调节。财政是限时减贫脱贫的"助推剂"，财政扶贫资金的精准配置使用是各类扶贫政策精准发力的核心所在。因此，本书强调对当前各类扶贫实践的精准性问题进行理性研究，有利于弥补当前精准扶贫研究领域对"精准度"问题关注的不足，进一步丰富现有研究成果。

（2）将收入分配问题与财政扶贫问题有机结合，为精准扶贫和收入分配问题研究的深化提供经验和借鉴。

收入分配问题是经久不衰的理论研究热点。居民收入差距过大不仅会抑制经济的可持续增长，还是激化社会矛盾的重要因素。不过，在当前收入分配问题的理论体系中，对财政扶贫收入分配效应的研究还有待加强。从现实来看，财政扶贫资金投入的增加，会直接带来贫困地区农村居民转移性收入的增加。不过，这样的收入增长效应呈现什么样的特征，益贫性效果如何，会不会使贫困地区农村居民收入差距恶化，等等，诸如此类的问题均有待于进一步解答或提供科学论据。本书正是基于这些现实问题的思考，呼吁学界关注财政扶贫的收入分配效应，重视贫困人口的收入和民生改善，以期为收入分配问题研究的深化起到抛砖引玉的作用。

2. 实践意义

苏联文学泰斗高尔基曾对贫穷进行过十分深刻的揭露，他在中篇小说《没用人的一生》中写道："人类生活的一切不幸的根源，就是贫穷。这是明白的。因为贫穷，所以才有嫉妒、怨恨、残暴；因为贫穷，所以才有贪欲，才有一切穷人共同的对生活的恐怖和相互的疑惧。"

在社会底层挣扎久了，所有的艰辛和贫苦就会慢慢熬成戾气，这戾气恰恰是和谐的天敌。当我们每天奔波劳碌的时候，不能忘记那些生活在贫困地区的窘迫的家庭同样在顽强挣扎。这个社会永远是一个整体。"消灭"贫穷，让底层人口摆脱贫苦，让他们过得有尊严，这是中共十九大报告的要求，也是政府作为公权力机构的职责。在中共十九大开启新征程的当下，关注贫困、剖析贫困无疑是具有较好的现实意义的。

当前，精准扶贫、精准脱贫是我国扶贫工作中的重中之重，对于维护社会稳定、促进地方经济发展具有重大意义。紧扣精准扶贫政策前沿，直面精准扶贫实践中的缺陷与不足，将有助于各级决策部门更好地践行党中央提出的精准扶贫思想，进一步优化完善各项精准扶贫政策，为 2020 年全面脱贫目标的实现提供有力保障。具体来讲，开展财政扶贫收入分配效应研究的实践意义主要有以下三点。

（1）为精准扶贫领域政策制定者、研究者、实践者提供一个密切观察和跟进思考精准扶贫实践的有效线索，有利于进一步推动中国农村扶贫从区域瞄准的粗放扶贫机制向识别到户的精准扶贫机制的高效转变。

（2）对财政扶贫资金的收入增长效应、收入差距调节效应和收入分配调节绩效进行评价，并基于评价结果反思现行政策，为调整财政扶贫资金投向、优化资金支出结构、减少资金运行损耗提供理论依据和决策参考，有利于提高财政扶贫资金的使用效率和效果。

（3）可以为我国进一步规范收入分配秩序、缩小收入分配差距的实践提供新思路和新路径，助力早日实现党的十八大提出的"收入倍增"计划目标。

二、国内外研究现状述评

（一）贫困的内涵

准确把握贫困的内涵是解决贫困问题的前提和基础。贫困是一个动态的历史范畴，学者们从内涵上将其细分为收入贫困、能力贫困、权利贫困等多种类型。

1. 收入贫困

生活经验告诉我们，贫困往往表现为家庭的总收入不足以维持家庭人口最基本的生存活动需求。朗特里和亨特（Rowntree and Hunter，1902）认为，当家庭的总收入连维持成员生存最低量需要的生活必需品开支都无法支付的时候，那么这个家庭就会陷入贫困之中。[①] 这种贫困就是收入贫困，属于物

---

① Rowntree B. S. & Hunter R. （1902）. Poverty：A Study of Town Life. *Charity Organisation Review*，11（65），260 - 266.

质层面的贫困，主要依据家庭经济状况来进行判定。

收入贫困又可以被区分为绝对贫困和相对贫困。所谓绝对贫困，通常是基于生物学视角对人的生存状态进行判定，其标准为维持生存的各类必需品（比如食物、衣着、住房等）的最低需要量，如果所能提供的需要满足量低于这个标准，那么就会陷入绝对贫困。① 低于绝对贫困线的人口通常时刻感受着生存威胁，是无法达到正常生存状态的，因此，绝对贫困又被称为生存贫困。与绝对贫困选取绝对标准的做法不同，相对贫困则是选择本国的平均收入水平或者某个特定个体（家庭）作为参照对象来进行比较判定的。比如，世界银行提出将平均收入的一半或者分配额的 40% 划定为贫困线，低于这个贫困线以下的家庭就是相对贫困。② 相对贫困线受社会平均收入的影响，常常会随着平均收入的变化而变化。

绝对贫困的产生是源于人的最低生理需要得不到满足，而相对贫困则是在满足了最低生理需要之后（即绝对贫困基本解决之后），因收入上的相对差距而产生，属于收入分配不平等的外在表现。由于任何一个国家或地区，都不可能在收入分配上做到完全平均化，收入差距无法彻底消除，所以，相对贫困将永远存在，是"绝对"的。反过来，绝对贫困则又是"相对"的。这是因为，决定绝对贫困线的生存临界点在不同国家或地区是存在差异的，即使在同一个国家或地区，处于不同发展阶段的最低生存必需品标准也是动态变化的。任何时刻社会上总会有一部分人将处于相对贫困状态，相对贫困的绝对属性意味着贫困将是一个永恒的问题。

2. 能力贫困

从收入层面对贫困进行解释，直观明了，对于贫困识别也具有积极意义，但是，也存在较大局限性。比如，西方很多发达国家通过实施收入再分配计划、完善社会保障制度等措施，虽然有效地解决了收入贫困问题，但又产生了"丰裕中的贫困"问题。③ 学术界通过对收入贫困概念进行拓展和不断深

---

① Alcock P.（1993）. Understanding Poverty：A Guide to Concepts and Measures. *Journal of Social Policy*，22（4），570－572.

② 世界银行：《贫困与对策》，经济管理出版社 1996 年版，第 3～4 页。

③ 宋宪萍、张剑军：《基于能力贫困理论的反贫困对策构建》，载于《海南大学学报（人文社会科学版）》2010 年第 1 期，第 69～73 页。

化，逐渐形成了能力贫困理念。[1] 人们对于贫困内涵的关注焦点，逐渐由收入不足向能力不足过渡。

早在 19 世纪 80 年代，阿玛蒂亚·森（Amartya Sen，2003）就在传统福利经济学的研究中首次提出了能力贫困概念，并从"可行能力"视角对能力贫困进行了分析，认为正是由于能够被接受的最低目标水平的基本能力的缺失，才造成了贫困人口基本生存需要无法得到有效满足，提高人们的"可行能力"才是人类发展与脱贫的真正目标所在。[2] 阿玛蒂亚·森的能力贫困概念得到了联合国开发计划署（UNDP）的认可和支持。后者在 1996 年发布的《人类发展报告（1996）》中，进一步明确提出贫困不应该仅仅是缺少收入，比收入不足更重要的是贫困人口缺乏基本生存与发展能力。[3] 收入贫困概念将贫困界定为个体福利的缺失，而阿玛蒂亚·森指出贫困所缺乏的其实是个体追求福利的能力，并建立了能力贫困分析框架，从概念上将贫困界定为对人们可行能力的剥夺，认为贫困是能力的缺失，而不是收入的低下。[4] 邹薇也认为，收入匮乏并不是农村贫困的根源所在，因社会保障、教育、医疗健康和机会等方面缺失所引致的能力不足才是。[5] 为此，在《2006 年世界发展报告》中，世界银行提出，让人们拥有获取更加美好生活的能力才是任何发展的目的所在。[6]

梳理能力贫困概念的形成过程可以看出，收入不足、缺吃少穿并不是贫困的实质，它们只是贫困的外在表现，可行能力不足才是贫困产生的内源性因素。能力贫困理念的提出，深化了人们对贫困问题的认识，顺应了人类社会发展的需要，揭示了在反贫困实践中不能仅仅倚重政府救济，而是应该将关口前移，重点通过重建个人能力来避免和消除贫困。[7]

---

① 王三秀、罗丽娅：《国外能力贫困理念的演进、理论逻辑及现实启示》，载于《长白学刊》2016 年第 5 期，第 120～126 页。

② Amartya S.（2003）. Valuing Freedoms：Sen's Capability Approach and Poverty Reduction. *Economics & Philosophy*，19（2），371 – 377.

③ United Nations Development Programme.（1997）. Human Development Report. *Women's International Network News*，28（3），205 – 206.

④ 阿玛蒂亚·森：《以自由看待发展》，任赜、于真译，人民教育出版社 2007 年版，第 91 页。

⑤ 邹薇：《传统农业经济转型的路径选择：对中国农村的能力贫困和转型路径多样性的研究》，载于《世界经济》2005 年第 2 期，第 34～47，80 页。

⑥ 世界银行：《2006 年世界发展报告》，清华大学出版社 2006 年版，第 132 页。

⑦ 李小勇：《能力贫困视域下中国农村开发式扶贫的困境与超越》，载于《理论导刊》2013 年第 2 期，第 81～84 页。

3. 权利贫困

如果把权利比喻为容器的话，那么利益就是容器的盛装物。穷人之所以难以改变贫困厄运，就在于权利的缺失，以及因为这种权利缺失导致更多权力和利益丧失的恶性循环。① 阿玛蒂亚·森在提出能力贫困的基础上，又进一步把贫困、能力剥夺与社会权利排斥联系在一起，从权利方法视角对贫困问题展开深入研究，指出权利丧失之后就会导致贫困和饥饿的结果。他分别在 1981 年、1989 年撰写的两部经典著作——《贫困与饥荒》（*Poverty and Famines*）和《饥饿与公共行为》（*Hungry and Public Action*，与让·德雷兹合著）中阐述了相关思想。② 阿玛蒂亚·森和让·德雷兹（Amartya Sen and Jean Dreze，1989）认为，在私有制经济中，个人通过禀赋权利、交换权利的行使，可以获得一个可供选择的商品束集合，这个集合就是其权利的结果域，影响其生存状态。③ 迪帕·纳拉扬等（Dipa Narayan et al.，2001）认为，贫困的核心要素除了物质的缺乏，还应该包括权力和发言权的缺失，并且后者更为重要。④

随着学者们对贫困概念的不断扩展，基于物质层面的贫困逐渐被发展为内涵更丰富的权力贫困。综合研究，可以发现学者们主要从三个方面分析阐释权利贫困的内涵。

一是社会剥夺观。彼得·汤森（Peter Townsend，1979）认为，贫困不限于物质领域的缺乏，还包括社会关系，比如社会活动、社交条件资源等，并将剥夺细分为与食物、衣物、住所相关的物质剥夺和与家庭、娱乐、教育相连的社会剥夺。⑤

二是社会排斥观。布查德特、朱利安·勒·格兰德和大卫·皮阿考德（Tania Burchardt，Julian Le Grand and David Piachaud，1999）指出，社会排斥就是社会成员未能与公民身份相匹配地参与政治、生产、消费、社交互动活

---

① 龙静云：《共享式增长与消除权利贫困》，载于《哲学研究》2012 年第 11 期，第 113～119 页。

② 马新文：《阿玛蒂亚·森的权利贫困理论与方法述评》，载于《国外社会科学》2008 年第 2 期，第 69～74 页。

③ 阿玛蒂亚·森、让·德雷兹：《饥饿与公共行为》，苏雷译，社会科学文献出版社 2006 年版，第 24 页。

④ 迪帕·纳拉扬，等：《谁倾听我们的声音》，北京：中国人民大学出版社 2001 年版，第 69～70 页。

⑤ Townsend P. Poverty in the United Kingdom：A Survey of Household Resources and Standards of Living. Berkeley：University of California Press，1979.

动或者参与度不足。[①] 托尼·阿特金森、丁开杰在分析了社会排斥、贫困和失业三者之间的关系后，认为相对性、能动性和动态性是社会排斥概念的三大要素。[②] 伊凡·卡扎尔斯基（Ivan Katzarski，2016）提出，当今以经济为主的视角看待贫穷既不是"自然的"，也不是不言而喻和唯一可能的。[③] 穷人之所以穷，主要在于与富人相比，他们拥有的资源太少。社会排斥理论不仅从物质层面揭示出处于贫困状态的社会成员收入低下，而且还从社会学领域揭示出他们参与社会生活不足，将贫困与基于社会分层、社会不平等的结构分析有机勾连起来。[④] 由此可见，社会排斥理论推动贫困理论研究上升到一个新的阶段。

三是脆弱性。罗伯特·钱伯斯（Robert Chambers，1989）在研究扶贫问题的时候，最早将脆弱性引入该领域，将脆弱性描述为当贫困人口暴露于冲击、压力和风险之中时，缺少有效地应对破坏性损失的手段，用于刻画一个家庭承受未来风险的能力，揭示其陷入贫困的可能性。[⑤] 莫泽（Moser，1998）指出，脆弱性是对贫困动态性特征的识别和描述。[⑥] 罗伯特·钱伯斯则认为，当外部条件发生变化时，比如遭遇失业、自然灾害、疾病等，可能会对贫困人口原有的生存状态产生难以承受的冲击。因此，可以简单地将脆弱性理解为农户未来陷入贫困的概率，它主要取决于农户的风险抵御能力。[⑦]

国内学者对贫困的理论研究与国际学者体现出一定的趋同性。贫困不仅仅是收入低下，也不仅仅是能力缺乏，更深层的本质在于权利匮乏。收入贫困和能力贫困只是权利贫困的具体体现，权利贫困才是贫困的根本原因。为此，刘国在借鉴吸收已有成果的基础上，尝试给出了权利贫困的定义，他认为权利贫困就是社会个体陷于基本人权（包括政治、经济、文化和社会各个

---

① Burchardt T. , Grand J. L. & Piachaud D. （1999）. Social Exclusion in Britain 1991 – 1995. *Social Policy & Administration*, 33 （3）, 227 – 244.

② 托尼·阿特金森、丁开杰：《社会排斥、贫困和失业》，载于《经济社会体制比较》2005 年第 3 期，第 8 ~ 15 页。

③ Katzarski I. （2016）. Thinking Poverty：Basic Codes. *Human & Social Studies*, 5 （3）, 95 – 116.

④ Jordan B. A Theory of Poverty and Social Exclusion. Polity Press，1996.

⑤ Chambers R. （1989）. Editorial Introduction：Vulnerbility，Coping and Policy. *Institute of Development Studies Bulletin*, 20 （2）, 1 – 17.

⑥ Moser C. O. N. （1998）. The Asset Vulnerability Framework：Reassessing Urban Poverty Reduction Strategies. *World Development*, 26 （1）, 1 – 19.

⑦ 李聪：《易地移民搬迁对农户贫困脆弱性的影响——来自陕南山区的证据》，载于《经济经纬》2018 年第 1 期，第 35 ~ 40 页。

领域）缺乏的一种贫困状态。① 收入分配作为社会诸多经济利益活动中的一种，表面上是物与物的分配关系，实际上承载的是人与人的权利关系。在这场以权利关系为核心的博弈过程中，社会个体如果连最基本的社会经济权利都得不到有效保障，那么要想避免分配行为中的秩序失衡，则无异于缘木求鱼。为此，姜国强提出，治理与消除贫困的根本之道在于，帮助贫困个体逐步摆脱权利贫困状态，并强化和保障权利的平等与公正，使个人权利得到有效扩展和保护。②

2016 年 4 月，中共中央办公厅和国务院办公厅联合印发《关于建立贫困退出机制的意见》，明确提出贫困人口的退出要"以户为单位，主要衡量标准是该户年人均纯收入稳定超过国家扶贫标准且吃穿不愁，义务教育、基本医疗、住房安全有保障"。③ 这就是"两不愁，三保障"标准的由来。在这个标准中，对贫困内涵的阐释远远超出了收入贫困标准，同时还涵盖了其他贫困维度的范畴。④ 可见，我们当前关于农村贫困的界定，正是综合贫困理念的综合考量。当然了，我们在强调多维贫困观的同时，也不能排斥收入在贫困识别和脱贫考核中的关键作用。

（二）贫困的治理

成功的实践离不开科学理论的指导。从 20 世纪五六十年代开始，经济学家围绕贫困的原因，以及如何脱贫、减贫等问题，进行了大量的研究，产生了许多贫困治理经典理论，比如：贫困恶性循环理论、循环积累因果关系理论、低水平均衡陷阱理论、权利贫困理论、贫困文化理论、临界最小努力理论、大推进理论、不均衡增长理论、人力资本理论等。⑤

1. 贫困的成因

美国哥伦比亚大学教授拉格纳·纳克斯（Ragna Nax）在 1953 年提出了贫困恶性循环理论，他指出"一个国家因为穷所以穷"，认为贫困本身就是

---

① 刘国：《论消除权利贫困与构建和谐社会》，载于《河北法学》2007 年第 9 期，第 43~48 页。

② 姜国强：《权利贫困、收入分配失衡及其矫正对策》，载于《社会科学家》2013 第 10 期，第 48~51 页。

③ 引用自中共中央办公厅、国务院办公厅印发的政策文件：《关于建立贫困退出机制的意见》。

④ 侯亚景、周云波：《收入贫困与多维贫困视角下中国农村家庭致贫机理研究》，载于《当代经济科学》2017 年第 2 期，第 116~123，128 页。

⑤ 许正中、苑广睿：《财政扶贫绩效与脱贫致富战略》，中国财政出版社 2014 年版，第 16~21 页。

后发展国家的贫困根源。这是因为后发展国家的人均收入水平低，投资资金供给与产品需求不足，从而造成资本形成的供给和需求都存在着恶性循环关系，最终导致后发展国家的经济状况长期自锁，经济结构长期固化，社会经济状态板结。与此类似，瑞典著名经济学家纲纳·缪尔达尔（Gunnar Myrdal）也将收入水平低视为后发国家贫困的重要原因。他认为，在一个动态的社会经济发展过程中，因一个因素变化产生的起始变化会引发另一个因素产生第二级变化，并强化前面的因素，导致经济发展过程沿原来因素的发展方向发展，呈现出一种"累积性的循环"。在贫困国家，由于人均收入水平低，人们生活水平低下，营养、医疗卫生、健康、教育条件落后，制约劳动力素质提高；而劳动力素质不高又会导致劳动生产率难以提高，造成产出增长停滞式下降，最终又导致劳动力的低收入，进一步强化贫困状态，陷入低收入与贫困累积性循环的困境之中。美国经济学家纳尔逊（Nelson）则在 1956 年运用低水平均衡陷阱理论对贫困成因进行了剖析。在人均国民收入增长缓慢的情况下，人口增长将与国民收入保持持久均衡的状态。即从最低的人均收入水平到与人口增长率相等的人均收入水平之间，存在着一个"低水平均衡陷阱"——只要人均收入低于理论值，国民收入增长就会被更快的人口增长所抵消，从而将人均收入又逼回到维持生存的水平，并且固定不变。

与前面学者侧重于经济学视角的解释不同，阿玛蒂亚·森将权利分析方法引入贫困研究中。"权利方法的主要优点是能够使我们更好地理解一个人对于一般商品的控制和支配能力"。[1] 他提出了一个十分重要的命题：要想摆脱贫困，首先必须让全体居民取得平等权利。贫穷是人的基本权利的剥夺和机会的丧失。一个人支配任何一种他所希望获得或拥有东西的能力，都取决于由所有权和使用权构成的他在社会中的权利关系。这种权利关系由他拥有什么、交换机会能够让他获得什么、社会可以免费给他什么，以及他由此丧失了什么共同决定。人力资本理论奠基人舒尔茨则提出："经济发展主要取决于人的质量，而不是自然资源的丰瘠或资本存量的多寡。"[2] 西奥多·舒尔茨（Theodore W. Schultz, 1960）认为，物质资本是体现在物质产品上的，人力资本则是体现在劳动者身上的，人力资本投资能有效地增加劳动者的技能，从而显著地提高劳动生产率和经济效益。美国学者奥斯卡·刘易斯（Oscar

---

① 阿玛蒂亚·森：《贫困与饥荒》，商务印书馆 2001 年版，第 190 页。
② 西奥多·W. 舒尔茨：《论人力资本投资》，北京经济学院出版社 1990 年版，第 38 页。

Lewis，1959）侧重于从社会文化角度对贫困现象进行解释。他认为，穷人的居住、生活方式等具有独特性，也正是这种独特的生活方式促进了穷人间的集体互动，从而将他们在社会生活中与其他人隔离开来，形成和产生一种脱离社会主流文化、具有独特文化观念和生活方式的贫困亚文化。这种亚文化通过圈内交往而不断得到加强，并且被制度化，进而维持着贫困的生活。贫困文化会塑造和改变在贫困中长大的人的基本特点和人格，使他们即使遇到摆脱贫困的机会也难以走出贫困，造成贫困出现世代传递。

我国幅员辽阔，地区间发展差距明显，再加上受到自然、历史和地理等多种因素的综合影响，贫困的成因十分复杂。西部地区是我国脱贫攻坚的重点和难点区域，尤其是西部山区少数民族，贫困面最广，贫困程度最深。黄颂文认为，地域环境条件是造成西部民族地区贫困的外部客观条件，人口素质低、扶贫资金使用效益低、扶贫政策存在缺陷则是致贫的主要内在原因。[①]李秀娟则强调，除了自然环境资源的原因外，历史积累效应、经济结构、发展动力、人力资本、体制制度等五个方面，对我国西部地区的贫困形成具有重要影响。[②] 郭志仪、祝伟也针对山区少数民族的贫困原因展开了研究，认为市场参与率是决定人们收入水平高低，以及贫困与否的直接原因。[③] 张俊良、闫东东则通过实证研究表明，在我国那些生态环境越脆弱、自然灾害频率越高的区域，贫困发生率也越高，二者具有高度的空间耦合性。[④] 司慧颖主要基于马克思贫困理论对我国的贫困原因进行了解读，认为贫困主要在于弱"金字塔"形的社会结构制约了改革红利的普及、不完善的制度安排产生了资本剥夺、生产力发展造成结构性贫困，以及人力资本欠缺导致的劳动力相对过剩。[⑤] 郭熙保、周强发现家庭户主特征、人口规模与结构、社会关系、

---

① 黄颂文：《西部民族地区农村贫困问题成因探究》，载于《求索》2004 年第 8 期，第 34 ~ 36 页。

② 李秀娟：《西部地区农村长期性贫困成因及对策》，载于《农业经济问题》2009 年第 4 期，第 33 ~ 37 页。

③ 郭志仪、祝伟：《我国山区少数民族贫困成因的框架分析——基于市场参与率的视角》，载于《中南民族大学学报（人文社会科学版）》2009 年第 5 期，第 123 ~ 129 页。

④ 张俊良、闫东东：《多维禀赋条件、地理空间溢出与区域贫困治理——以龙门山断裂带区域为例》，载于《中国人口科学》2016 年第 5 期，第 35 ~ 48，126 ~ 127 页。

⑤ 司慧颖：《马克思贫困理论及当代中国贫困治理》，载于《重庆社会科学》2017 年第 11 期，第 40 ~ 45 页。

户籍制度等微观层面因素，会对我国的多维贫困发生率产生显著影响。① 孙菲、王文举也利用微观数据进行了相关实证研究，得出了家庭中成年人口与未成年人口数量、拥有工作的成年人的数量，以及拥有的农业机械用具总和等因素，均会显著影响我国贫困发生率的结论。② 至于我国连片特困地区，由于受自然、地理、历史等方面的综合影响，无论是农村的自然条件，还是区域的生态环境，以及经济发展情况，都要更加恶劣，导致贫困问题更加严峻。③

2. 贫困治理模式

英国著名的发展经济学家罗森斯坦·罗丹（Rosenstein Rodan）在 1943 年提出"大推进"理论，他强调，"增长理论绝大部分就是投资理论"，而后发国家只有全面地大规模地进行投资才能克服"有效需求不足"，建议对后发展国家或地区的国民经济各个部门进行大规模投资，以此来促进这些部门的平均增长，进而推动整个国民经济的高速增长和全面发展。缪尔达尔则主张促进资本形成，大幅度提高生产率和产出水平，使贫困国家的人均收入水平迅速提高。纳尔逊也强调贫困国家必须进行大规模的资本投资，使投资和产业的增长超过人口增长，这样才能冲出"低水平均衡陷阱"。

不过，赫希曼（Hirschman）指出，贫困国家并不具备"大推进"所需要的资本、企业家和其他资源，均衡增长对于后发展国家而言是不现实的。他认为，发展是一个漫长的、无穷的、不均衡连锁演变过程，在这个过程中，各个因素相互影响，使得整个经济的前进表现为一种非均衡状态。不均衡发展才是发展的理想结果，要使经济向前发展，发展政策的任务是保持紧张、不成比例和不均衡。不是让不均衡消失，而是应该让不均衡存在。为此，赫希曼特别建议把资源投放到新产业上，通过"联系效应"带动其他部门的投资和发展，最终使后发展国家摆脱经济贫穷落后的状态。1957 年，美国经济学家莱宾斯坦（Leibenstein）提出了临界最小努力理论，指出最初促进发展的刺激或努力只有达到了临界最小规模，才能够打破落后经济的稳定均衡，实现持久增长。其中，决定临界最小努力的必要因素主要有内部不经济、外

---

① 郭熙保、周强：《长期多维贫困、不平等与致贫因素》，载于《经济研究》2016 年第 6 期，第 143~156 页。

② 孙菲、王文举：《中国农村贫困成因区域差异性研究》，载于《贵州民族研究》2017 年第 6 期，第 25~29 页。

③ 覃志敏：《连片特困地区农村贫困治理转型：内源性扶贫——以滇西北波多罗村为例》，载于《中国农业大学学报（社会科学版）》2015 年第 6 期，第 5~11 页。

部不经济、诱发性和自发性抑制收入的障碍，以及非经济层面与增长的关系。贫困均衡能不能打破，关键是外力的刺激和内部努力的大小。① 舒尔茨则建议加强人力资本投资，并特别强调教育投资在人力资本投资中的作用。

　　这些国外的经典理论为我们科学识别致贫原因，合理设计反贫困路径提供了有益借鉴。国内学者通过不断思考和总结，也围绕我国贫困治理问题展开了一系列研究。段忠贤、黄其松（2017）分析了自然资源、技术要素、劳动力资源禀赋在区域贫困治理中的差异性，其中，仅有技术要素禀赋对区域减贫的作用相对理想，自然资源禀赋仅仅对东部地区产生了积极的减贫作用，而劳动力资源禀赋只是在中部地区具有显著的减贫效果，建议在区域贫困治理过程中，应着力提升制度供给质量，尽量避免"资源诅咒"现象。② 谢玉梅（2017）则针对农村空心化、贫困人口识别等突出问题，建议运用相对贫困指标对贫困进行动态测度，并以美丽乡村建设为抓手来构建我国的扶贫长效机制。③ 为了进一步提高我国贫困治理的绩效，左停等（2017）建议从基层单位的自治能力、贫困治理长效机制、脱贫内生动力、平衡商业利益与扶贫效果的关系，以及完善扶贫政策实施过程等维度进一步优化国家反贫困治理体系。④ 由于协同式扶贫在贫困识别、有效帮扶、精准管理等环节具有显著优势，刘俊生、何炜（2017）将其作为一种理想的扶贫模式予以推崇，并认为当前的精准扶贫模式将会逐步过渡到协同式精准扶贫，并建议从扶贫信息、扶贫制度、扶贫文化多个维度加强协同建设，更好地发挥扶贫的协同效应。⑤ 王刚、白浩然（2018）则为地方贫困治理构建了一个脱贫锦标赛分析框架，认为地方政府提升贫困治理质量的途径主要有加大贫困治理的监控力度、调整贫困治理的激励内容，以及增强层级信息沟通等。⑥

---

①　杨永华：《发展经济学流派研究》，人民出版社 2007 年版，第 56 页。

②　段忠贤、黄其松：《要素禀赋、制度质量与区域贫困治理——基于中国省际面板数据的实证研究》，载于《公共管理学报》2017 年第 3 期，第 144～153，160 页。

③　谢玉梅：《东部发达地区贫困治理机制创新与实践启示——基于江苏省泗阳县的调查》，载于《中国农业大学学报（社会科学版）》2017 年第 5 期，第 51～60 页。

④　左停、金菁、李卓：《中国打赢脱贫攻坚战中反贫困治理体系的创新维度》，载于《河海大学学报（哲学社会科学版）》2017 年第 5 期，第 6～12，89 页。

⑤　刘俊生、何炜：《从参与式扶贫到协同式扶贫：中国扶贫的演进逻辑——兼论协同式精准扶贫的实现机制》，载于《西南民族大学学报（人文社科版）》2017 年第 12 期，第 205～210 页。

⑥　王刚、白浩然：《脱贫锦标赛：地方贫困治理的一个分析框架》，载于《公共管理学报》2018 年第 1 期，第 108～121，158～159 页。

（三）反贫困实践

中国作为农业人口大国，在30多年的扶贫开发实践中，通过优先发展城市工业推动工业化，然后创造非农就业岗位吸收农村剩余劳动力，实现工业反哺农业等路径，有效地降低了农村贫困程度，为世界反贫困事业贡献了中国经验（章元、许庆、邬璟璟，2012）。[①] 下面重点围绕财政扶贫和精准扶贫两个主题，对我国当前的反贫困实践存在的主要问题进行文献分析。

1. 财政扶贫实践

在实践中，财政扶贫主要是通过信贷支持、财政补贴、转移支付等各种财政支出手段实现。减贫机理与财政职能的内在契合性决定了财政手段在减贫中具有不可替代的地位和作用。刘明慧、侯雅楠（2017）将财政减贫界定为一个相互衔接、相互支撑的四位一体的综合性功能系统，包含了理念、对象、主体行为和保障方式四个要素，并认为收入分配公平、益贫式增长和基本公共服务均等化是实现减贫的前提。[②] 然而，王小华等（2014）将贫困县和非贫困县做比较，利用分位数回归、工具变量分位数回归方法，研究了农户信贷、财政支出的减贫增收效果，发现过去的农户信贷政策只对非贫困县农户收入的增长具有显著正效应，对贫困县农户收入增长的影响反而不明显，更令人吃惊的是财政支出对贫困县农户收入增长的影响显著为负。[③] 陈新、沈扬扬（2014）则进一步以天津市农村家户微观调查数据为例，对政府在2005年、2008年的两次财政反贫困补贴的减贫效果进行了实证研究，发现这两次财政补贴整体上的减贫效果差强人意，只是对务农农户具有减贫效果，尤其是2008年补贴标准虽然有所提高，但减贫效果反而出现了下降。[④] 考虑到财政扶贫资金进入乡村时，社会精英往往会拥有更多对接交易的机会，温涛等（2016）特地以农贷资金为例，对乡村扶贫中的精英俘获机制进行分析探讨，结果表明：贫困县的农贷市场并不存在明显的精英俘获机制，与此大

---

① 章元、许庆、邬璟璟：《一个农业人口大国的工业化之路：中国降低农村贫困的经验》，载于《经济研究》2012年第11期，第76~87页。

② 刘明慧、侯雅楠：《财政精准减贫：内在逻辑与保障架构》，载于《财政研究》2017年第7期，第9~22页。

③ 王小华、王定祥、温涛：《中国农贷的减贫增收效应：贫困县与非贫困县的分层比较》，载于《数量经济技术经济研究》2014年第9期，第40~55页。

④ 陈新、沈扬扬：《新时期中国农村贫困状况与政府反贫困政策效果评估——以天津市农村为案例的分析》，载于《南开经济研究》2014年第3期，第23~38页。

相径庭的是，非贫困县里面精英俘获机制泛滥，严重扭曲了农贷市场结构，造成目标导向出现偏离。为此，他们建议进一步加快普惠金融体系的建立步伐，最大限度地保障农贷资金能够公平地惠及所有农户，从而彻底地打破农贷资金配置精英俘获格局。[①]

随着我国贫困线的大幅提高，脆弱性与贫困之间的差异在不断变小，于是，不少学者围绕脆弱性问题对财政扶贫政策展开了研究。樊丽明、解垩（2014）对我国公共转移支付对家庭贫困脆弱性的影响进行了实证检验。研究发现，无论贫困线如何调整，暂时性贫困与慢性贫困的脆弱性均不会受到公共转移支付的影响。[②] 李齐云、席华（2015）则基于中国家庭追踪调查面板数据，构建双向固定效应模型，分析了我国新农保政策对家庭贫困脆弱性的影响，实证结果发现，尽管该政策对贫困脆弱性的影响还处于较低水平，但仍然为参保家庭提供了重要的收入风险抵御作用。它不仅显著地降低了参保贫困家庭的脆弱性，也显著降低了参保非贫困家庭成为脆弱性家庭的可能性。[③]

此外，除了财政支出会对贫困产生影响之外，财政筹资也会产生相应影响。解垩运用微观模拟模型和可计算一般均衡模型，评估了不同的公共转移支付筹资方式作用于再分配和贫困的效应。实证结果显示，当公共转移支付增加时，采用直接税筹资方式所导致的不平等指标下降程度要大于采用间接税筹资产生的相应效应。如果采用直接税筹资方式增加 1 倍的公共转移支付，将会让贫困发生率下降 2%，但是，改为运用间接税筹资方式的话，贫困发生率则只会下降 1%。[④]

2. 精准扶贫实践

自习近平总书记 2013 年在湘西考察的时候首次提出精准扶贫这一原创性概念以来，引起了学者们的广泛关注，相关研究如火如荼，各类成果硕果累累。伴随着精准脱贫攻坚进入到攻城拔寨的冲刺阶段，精准扶贫的研究热度

---

① 温涛、朱炯、王小华：《中国农贷的"精英俘获"机制：贫困县与非贫困县的分层比较》，载于《经济研究》2016 年第 2 期，第 111～125 页。

② 樊丽明、解垩：《公共转移支付减少了贫困脆弱性吗?》，载于《经济研究》2014 年第 8 期，第 67～78 页。

③ 李齐云、席华：《新农保对家庭贫困脆弱性的影响——基于中国家庭追踪调查数据的研究》，载于《上海经济研究》2015 年第 7 期，第 46～54 页。

④ 解垩：《公共转移支付对再分配及贫困的影响研究》，载于《经济研究》2017 年第 9 期，第 103～116 页。

进一步上升。

全面小康社会能否如期建成，关键在于农村贫困治理。脱贫攻坚进入新时代，贫困的多维性特征更加明显，对贫困治理的主体与手段提出了更高的多元化要求。而基于精准扶贫思想，建立于多维贫困和内源性发展理论基础之上，设计出来的"五个一批"制度安排，恰好符合了多元化路径要求，也满足了精准扶贫方略的靶向性要求。① 精准扶贫凭借远远高于传统贫困治理模式的针对性和导向性，成为现阶段我国农村反贫困的重要方略，得到全面推广。

不过，我们在肯定精准扶贫诸多优势的同时，也必须正视其在实践中暴露出来的种种问题，并加以改善。周冬梅认为，中国 30 多年的贫困治理经验正遭遇着多重困境：首先，贫困户参与度不足，造成缺乏内生性的脱贫动力；其次，贫困地区的基层治理能力太弱，导致无法有效承接宝贵的扶贫资源；最后，扶贫项目设计安排上过度追求"短平快"，使得贫困治理目标设定陷入策略投机困境。② 范和生、唐惠敏也关注到了精准扶贫的多元化主体构建问题，他们提出应进一步完善农村贫困治理的多元主体体系，尤其是在保持政府主导地位不变的情况下，要加快推进市场、社会和民众协同参与。与此同时，他们还建议"多管齐下"，一方面，强化扶贫队伍建设，提升扶贫队伍工作能力；另一方面，修正贫困识别制度缺陷，优化脱贫攻坚绩效考核机制。③ 黄薇针对医保政策的精准扶贫效果进行了评估，实证研究发现，医保政策能够显著缓解城镇低收入家庭因病致贫、因病返贫困境，具有一定的扶贫效果，不过，这种扶贫效果具有明显的异质性，与效果预期存在差距，家庭收入越高、贫困缓解效应越大。④ 毫无疑问，这一结论为当前农村精准扶贫实践的优化提供了借鉴参考和改进指引。王谦、文军则从流动性视角对我国贫困的现代性特征进行了分析，他们指出，贫困流动性与贫困治理的精准化构成了我国新时代贫困治理体系中截然相反的两股力量，贫困流动性是影

---

① 黄承伟、王猛：《"五个一批"精准扶贫思想视阈下多维贫困治理研究》，载于《河海大学学报（哲学社会科学版）》2017 年第 5 期，第 1～5、47、89 页。

② 周冬梅：《中国贫困治理三十年：价值、行动与困境——基于政策文本的分析》，载于《青海社会科学》2017 年第 6 期，第 153～161 页。

③ 范和生、唐惠敏：《农村贫困治理与精准扶贫的政策改进》，载于《中国特色社会主义研究》2017 年第 1 期，第 45～52、75 页。

④ 黄薇：《医保政策精准扶贫效果研究——基于 URBMI 试点评估入户调查数据》，载于《经济研究》2017 年第 9 期，第 117～132 页。

响扶贫精准性的深层次原因。①

　　另外，与大多数学者普遍将中西部贫困地区作为精准扶贫问题的研究对象不同，倪芤莉、童雅平还专门以江苏省南通市为例，针对发达地区"富裕中的贫困"问题，建议充分整合地方政府、农户、村集体和社会四股力量，调动各方面积极性，重视并加快精准扶贫政策实施。②

（四）扶贫与收入分配

　　我国农村扶贫政策的实施从生产能力、市场参与和缓解脆弱性等角度，改善了贫困地区农民分享经济增长的机会和能力③，带来贫困人口收入增加、福利水平提升④。李实等（2016）测度发现，得益于公共转移性收入的减贫效果，我国贫困发生率下降了 4.26 个百分点，加快了中国农村减贫的进程。⑤ 其实，多维贫困观并不排斥收入贫困观，收入依然是贫困认定与脱贫考核的关键指标，各项精准扶贫措施也是以贫困人口收入水平的稳定提升为导向进行设计。需要引起注意的是，伴随着贫困人口收入增长，贫困人口比例下降，收入差距不仅降低了减贫速度，而且导致低收入群体的收入份额不断萎缩。⑥ 于是，开始陆续有学者关注经济增长、收入分配与贫困变化的影响机制，审视中国经济增长是否一直有利于穷人。

　　罗楚亮基于 2007 年、2008 年的住户追踪调查数据发现，贫困户陷入贫困状态的重要原因是经营性收入的波动造成的，而工资性收入的增长对于贫困户脱贫具有重要贡献。⑦ 后来，他又进一步发现，在经济转型过程中，居

---

　　① 王谦、文军：《流动性视角下的贫困问题及其治理反思》，载于《南通大学学报（社会科学版）》2018 年第 1 期，第 118～124 页。

　　② 倪芤莉、童雅平：《富裕中的贫困现状及精准扶贫对策——以江苏省南通市低收入农户为例》，载于《管理世界》2016 年第 12 期，第 176～177 页。

　　③ 张伟宾、汪三贵：《扶贫政策、收入分配与中国农村减贫》，载于《农业经济问题》2013 年第 2 期，第 66～75，111 页。

　　④ 徐爱燕、沈坤荣：《财政支出减贫的收入效应——基于中国农村地区的分析》，载于《财经科学》2017 年第 1 期，第 116～122 页。

　　⑤ 李实、詹鹏、杨灿：《中国农村公共转移收入的减贫效果》，载于《中国农业大学学报（社会科学版）》2016 年第 5 期，第 71～80 页。

　　⑥ 陈飞、卢建词：《收入增长与分配结构扭曲的农村减贫效应研究》，载于《经济研究》2014 年第 2 期，第 101～114 页。

　　⑦ 罗楚亮：《农村贫困的动态变化》，载于《经济研究》2010 年第 5 期，第 123～138 页。

民收入增长与收入差距扩大，对于我国农村减贫的影响是具有异质性的。[①] 杜凤莲、孙婧芳也认为收入分配在不同时期的减贫效应不同。[②] 高云虹、刘强以城市减贫为对象的研究发现，收入分配恶化对相对贫困率上升有显著影响。[③] 胡兵等的研究则得出，穷人基于经济增长实现了收入增加，减少了贫困程度，但是，由于经济增长带给富人的收益要远大于穷人，造成农村居民收入差距不断扩大，在一定程度上又将经济增长的减贫效应予以抵消了。[④] 无独有偶，刘一伟、汪润泉也发现，从微观个体层面来看，随着收入差距不断扩大，不仅持续降低了农村居民对教育资源的可及性，还加快恶化了他们的健康水平，增大了农村居民的贫困脆弱性，为我们揭示出了收入差距影响农村居民贫困的作用机制。[⑤] 林伯强则对我国 1985～2001 年的贫困减少与经济增长的关系进行了实证研究，呼吁在设计和实施经济增长政策的时候，应该努力实现收入增长效应与不均等效应之和最大化。[⑥] 万广华、张茵也认为收入增长与不平等下降的同步实现对于减贫具有重要影响，这是 20 世纪 90 年代前半期农村减贫成功的主要原因，而到了后半期，由于收入增长放缓的同时，收入不平等又快速上升，导致这段时间甚至出现了贫困恶化。[⑦] 由此可见，新时代精准扶贫实践在提升困难群众收入水平的同时，必须对收入分配差距进行矫正。

（五）研究述评

综合来看，国内外学者从贫困内涵的界定为起点，揭示了收入贫困、能力贫困、权利贫困的动态演变过程，剖析了贫困成因及治理机制，建立起了

[①] 罗楚亮：《经济增长、收入差距与农村贫困》，载于《经济研究》2012 年第 2 期，第 15～27 页。

[②] 杜凤莲、孙婧芳：《经济增长、收入分配与减贫效应——基于 1991～2004 年面板数据的分析》，载于《经济科学》2009 年第 3 期，第 15～26 页。

[③] 高云虹、刘强：《收入增长和收入分配对城市减贫的影响》，载于《财经科学》2011 年第 12 期，第 90～98 页。

[④] 胡兵、赖景生、胡宝娣：《经济增长、收入分配与贫困缓解——基于中国农村贫困变动的实证分析》，载于《数量经济技术经济研究》2007 年第 5 期，第 33～42 页。

[⑤] 刘一伟、汪润泉：《收入差距、社会资本与居民贫困》，载于《数量经济技术经济研究》2017 年第 9 期，第 75～92 页。

[⑥] 林伯强：《中国的经济增长、贫困减少与政策选择》，载于《经济研究》2003 年第 12 期，第 15～25，90 页。

[⑦] 万广华、张茵：《收入增长与不平等对我国贫困的影响》，载于《经济研究》2006 年第 6 期，第 112～123 页。

贫困理论的分析框架，同时，还结合我国财政扶贫、精准扶贫实践，在归纳总结中国经验的基础上，剖析了存在的问题和挑战，并提出了有关政策建议。尤其是，现有学者，比如胡兵等（2007）、罗楚亮（2012）、刘一伟和汪润泉（2017）等，已经开始注意到扶贫与收入增长、收入不平等之间的复杂关系，甚至解构了收入差距对于贫困的作用机制，这为本书的创意产生和研究实施提供了难能可贵的积累、借鉴和启发。

从现实来看，在精准扶贫全面推行的背景下，收入仍然是贫困户识别与退出的关键指标，收入贫困依然是我国当前贫困治理的重要对象。即使是在权利贫困或者多维贫困语境下，收入分配仍然是观测贫困现状、开展扶贫治理的重要窗口。在已有的研究中，学者们已经注意到了经济增长带给贫困人口和非贫困人口的收入增长与不平等效应是不一样的，并且收入差距的扩大在一定程度上甚至会抵消经济增长的减贫效应。其实，除了经济增长存在收入分配效应之外，财政扶贫也会影响收入差距的变化。财政扶贫的本质为，将财政资源通过财政转移支付在贫困地区、贫困人口之间进行再配置。在这个过程中，贫困地区与非贫困地区、贫困人口与非贫困人口都会受到直接或间接的影响，而受影响的领域当然包括收入增长领域和收入差距调节领域。财政在扶贫中具有举足轻重的地位，在讨论收入分配与财政扶贫的关系的时候，除了当前学者已经研究过的分析收入增长、收入不平等对于财政扶贫的影响之外，还存在另一个视角，即分析财政扶贫行为对于收入分配的影响，也就是财政扶贫的收入分配效应。不过，目前还鲜见有相关的研究。

中共中央总书记习近平曾反复指出："消除贫困，改善民生，逐步实现全体人民共同富裕，是社会主义的本质要求。"随着精准扶贫的深入，财政扶贫行为的收入分配效应问题不应该被研究贫困问题的学者所忽视。于是，本书便决定选择财政扶贫作为主要研究对象，尝试对财政扶贫的收入分配效应进行研究，期望能够在一定程度上丰富现有理论研究成果。

三、主要内容、基本思路和研究方法

（一）研究内容

1. 拟解决的主要问题

采取针对性的扶持措施，帮助贫困人口增加收入、改善生计、提高生活

质量，是精准扶贫的实践遵循。习近平总书记一再强调，"扶贫开发贵在精准，重在精准，成败之举在于精准"。从精准扶贫资金的来源来看，财政资金占据绝对主导地位。财政扶贫在精准扶贫进程中承担了主体任务，财政扶贫的精准性将决定精准扶贫的整体质量。作为一项社会经济活动，既然财政扶贫涉及资源投入与配置，那就应当重视绩效产出。通过财政扶贫的收入分配效应来测度财政扶贫的现实精准性，进而为判别精准扶贫的精准性提供论据，正是本书研究的创意出发点。笔者通过文献分析及调研发现，当前精准扶贫正遭遇着"现实与文本表达相背离""精英俘获"等困境。综合考量之下，特确定如下问题作为本书研究重点解决的问题，期待能够通过科学研究之后做出回答：

（1）财政扶贫的收入分配效应如何，呈现什么样的特征，我们又该如何调整财政扶贫的资金投向；

（2）财政扶贫调节收入分配的效率怎么样，影响效率的因素有哪些；

（3）如何优化调整现行的财政扶贫政策，从而改善财政扶贫的收入分配效应。

2. 主要研究内容

基于前面的问题设定，本书的主要研究内容可以细分为理论研究、实证研究、政策建议三大部分。

首先，为理论研究部分。重点阐述财政扶贫收入分配效应的作用机理，具体包括导论和第一章。

导论部分主要分析选题背景，阐释研究意义，梳理国内外研究现状，涉及本书的研究内容、思路和方法、创新点与不足之处。

第一章为财政扶贫调节收入分配的理论基础。调节收入分配是财政的职能之一，而财政在精准扶贫中具有主导作用。因此，本章将从基本概念界定入手，阐述财政扶贫的作用机制和路径，在理论层面夯实研究基础。

其次，为实证研究部分。首先对全国农村贫困现状及贫困地区农村居民收入分配现状进行统计描述，考察分析财政扶贫实践，然后以广西为例，基于县域层面对财政扶贫的收入增长效应、收入差距调节效应和减贫效应及财政扶贫调节收入分配的效率进行实证研究。具体包括第二章、第三章、第四章、第五章。

第二章为我国贫困地区农村居民的收入分配现状分析。从全国层面、贫困地区层面和连片特困区层面，对我贫困现状进行全景式展现，揭示我国当前的贫困特征，并在此基础上，深入分析我国贫困地区农村居民收入分配情况，为后面的实证研究奠定现实基础。

第三章为我国财政扶贫实践考察。首先对我国的农村扶贫历程进行梳理，然后重点总结分析我国财政扶贫资金规模与投向、财政扶贫政策和制度建设、财政扶贫主要措施，深入剖析我国财政扶贫实践存在的主要问题，为实证模型构建和相关政策优化提供思路与方向。

第四章为财政扶贫收入分配效应的实证分析：以广西为例。考虑到数据的可得性，计划以广西54个贫困县的面板数据为例，分别从财政扶贫资金规模、财政扶贫资金来源和支出结果三个方面对财政扶贫的收入增长效应、收入差距调节效应和减贫效应进行多元回归分析。

第五章为财政扶贫调节收入分配的效率评价：基于广西的分析。既然第四章已经回答了财政扶贫资金收入分配效应的大小，那么从管理学层面而言，这一行为的绩效如何呢？是否达到了理想的产出水平？为此，本章基于 DEA 方法，继续以广西为例，构建财政扶贫调节收入分配的效率评价模型，进行定量评价，并深入分析影响财政扶贫调节收入分配效率的主要因素。

最后，为政策建议部分，即第六章。重点基于实证结果，结合实践中暴露出来的问题，归纳研究结论，为优化财政扶贫收入分配效应提出政策建议。

（二）研究思路

本书按照理论研究为起点、实证研究为核心、规范研究为目标的分析框架，遵循提出问题—分析问题—解决问题的研究思路，构建形成了如图2所示的研究思路与技术路线。

（三）研究方法

1. 文献分析和实地调研相结合

在重点收集公开出版的学术著作、期刊论文、统计数据及电子文献资料的同时，利用地缘优势，深入广西贫困地区的典型贫困县、贫困村和贫困户进行田野调查。通过观察、访谈、问卷调研等多种手段，广泛收集数据，了解贫困现状及反贫困措施，识别问题，发现不足。

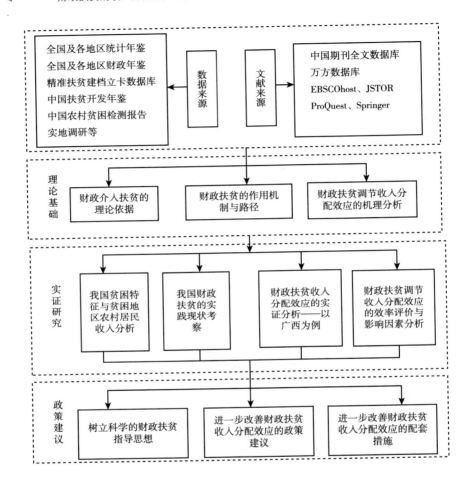

图 2 本书研究的技术路线

2. 实证分析和规范分析相结合

在模型构建、参数估计中，运用实证分析方法；在现状考察、政策分析中，则运用规范分析方法。具体而言，本书研究将在贫困现状和贫困地区收入分配现状研究中运用实地调研法；在财政扶贫的收入增长效应、收入差距调节效应和减贫效应评价分析中运用面板多元回归分析法进行研究；在财政扶贫调节收入分配效率的评价分析中运用 DEA 分析法。整个写作过程中将以定量研究为主，规范分析为辅，并努力将实证分析与规范分析有机结合。

3. 统计分析和比较分析相结合

在调研获得有关贫困和财政扶贫数据之后，本书研究还将通过统计描述分析刻画当前的贫困特征、财政扶贫资金来源与支出结构、精准扶贫脱贫效果和趋势，以及贫困地区农村居民收入特征，以期为实证研究提供现实基础和依据。在统计分析的过程中，可能还会涉及贫困地区与非贫困地区、贫困人口与非贫困人口的比较分析。

四、可能的创新点与不足之处

（一）可能的创新点

1. 研究视角方面

无论是收入分配问题，还是精准扶贫问题，均是当前理论界的研究热点与关注焦点，相关研究可谓风生水起。不过，当前将二者结合起来，探究扶贫收入分配效应的成果比较少见，而进一步聚焦财政扶贫视角进行相关研究的就更少了。在精准扶贫的宏大浪潮下，财政扶贫资金对贫困地区的收入分配状况到底会产生哪些影响？缩小贫困地区居民的收入差距了吗？对这些问题进行探索，正是本书创意形成的出发点，也是本书的研究初衷所在。探讨财政扶贫的收入分配问题，既开阔了收入分配问题的研究视野，又延伸了精准扶贫理论研究的范畴。

2. 研究内容方面

在当前的精准扶贫实践中，不少人对精准扶贫的理解，停留在通过精准识别将真正需要帮扶的对象识别出来，然后施行"五个一批"措施进行针对性帮扶层面。其实，单单从对象和过程来判断扶贫是否实现了精准，显然还不够全面，效果是否精准，尤其是扶贫对象的收入水平是否实现了稳定增长、收入差距是否得到了有效调节不容忽视。伴随着精准扶贫的实践进程，精准扶贫的重心正在从精准识别、精准帮扶向精准考核和效果评价转移。本书在研究内容的安排上，正是顺应现实需要，在借鉴已有研究的基础上，尝试基于收入分配视角为财政扶贫的绩效评价提供新的论据。为此，在研究内容的设计上，本书紧扣财政扶贫与收入分配效应两个关键词，通过界定财政扶贫收入分配效应的内涵，剖析财政扶贫调节收入分配效应的传导机制，阐释财政扶贫影响收入分配的内在机理，初步构建出了理论分析框架。进行财政扶贫收入分配效应评价的时候，在传统的收入增长效应、收入差距调节效应基础上创新性地引入了减贫效应这个维度，为定量分析财政扶贫收入分配效应实证提供了新探索。在实证分析的基础上，本书还尝试运用 DEA 方法对财政扶贫调节收入分配的效率水平进行评估，识别效率的主要影响因素，针对性地提出改善财政扶贫收入分配效应的对策。从研究内容上看，本书在丰富精准扶贫研究成果的同时，又为收入分配研究向精准扶贫领域延伸进行了积极探索。

3. 研究方法方面

其实，从 2005 年开始，我国开始制定扶贫资金的绩效评价制度，并于 2008 年正式实施。这一绩效评价标准被细分为计划标准、行业标准和历史标准，在实践中慢慢形成了包含资金安排情况、资金使用情况、资金监管情况、资金使用成效、资金管理使用工作评价、调整指标六个部分的指标体系。这是一个涵盖了扶贫资金拨付、分配、使用、监管、成效各个环节的全过程评价指标体系。本书研究将在借鉴已有成果的基础上，引入 DEA 分析法、面板数据多元回归分析法，并基于调研中获得的贫困县域层面数据，对财政扶贫的收入分配效应和调节收入分配的效率问题进行实证研究，一定程度上弥补了当前相关实证研究主要侧重于全国层面和省级层面的不足。

（二）不足之处

由于笔者在财政理论认知的不足可能导致某些经济因素考虑不全面，或由于数据的不可获得性、统计资料的不一致性，本书难免会存在估计和解释的偏误，研究结论甚至出现纰漏。这些不足将有待于今后进一步完善。

首先，从研究内容上看。对财政扶贫调节收入分配效应的形成机理进行更加深入的阐释，尤其是，在现有基础上，分析探讨制约财政扶贫调节收入分配纯技术效率、规模效率，以及贫困地区财政扶贫规模报酬递减的深层次原因。同时，考虑将财政扶贫对收入分配的调节与贫困县、贫困户脱贫考核结合起来，拓展精准脱贫效率评价的研究视野。

其次，从研究层次上看。现有实证研究主要局限于广西县域层面，缺乏对全国不同类型贫困县和基于贫困村、贫困户微观层面的分析，无法全面展示我国精准扶贫背景下财政扶贫收入分配效应的全貌。因此，未来将强化数据收集，拓宽研究对象，争取为我国财政扶贫收入分配效应的研判，提供更加翔实的论据。

最后，从研究方法上看。本书主要是运用短面板数据回归分析、DEA 分析等传统方法完成的实证研究。方法越先进越科学，研究结论越接近真相。未来将进一步加强模型设定研究，灵活充分利用空间计量、面板回归、AHP 等实证方法对财政扶贫收入分配效应进行更加系统的研究，以提高结论的稳健性。

第一章 财政扶贫调节收入分配的理论基础

任何一门学科或理论的产生，都是时代呼唤和回应社会需求的产物，财政扶贫研究亦不例外。财政扶贫调节收入分配的理论基础，更是离不开财政学、福利经济学、发展经济学等相关学科沃土，以及我国坚持不懈的治贫减贫实践的滋养。

第一节 基本概念界定

一、贫困与反贫困

（一）贫困

基本概念的界定有利于反映事物的本质，明晰事物的内涵特征，是研究的逻辑起点和基础。解决贫困问题的前提和基础则是对贫困的了解和认知。作为各种复杂因素的复合体，不同的人对贫困的理解不尽相同。贫困既是一种历史，也是一种现实；既是一种现象，也是一种结果。

关于贫困的定义和分类多种多样，十分丰富，比如，从贫困成因和根源来看，有收入贫困、能力贫困、权利贫困、人文贫困等，从贫困发生程度来看，有绝对贫困或生存型贫困、相对贫困等。从前面的文献综述也可以发现，贫困的范畴经历了从收入贫困到能力贫困再到权利贫困的动态发展，内涵上呈现出由单维到多维的变化特征。其中，收入贫困表现为收入低下和低生活水平，属于单维概念，而能力贫困、权利贫困除了反映收入贫困的内涵外，还拓展到了能力、权利等多维领域。

现有的研究基础为本书提供了有益的借鉴和参考。综合来看，贫困至少具有这些特点：（1）内容表现为多元化。既可以从经济层面去理解和分析贫困，也可以从精神、文化、社会，甚至政治等方面去理解和分析。① （2）缺失或匮乏是贫困的基本状态。其中，既包括经济收入的缺失或匮乏，也包括文化、情感、能力和权利上的缺失或匮乏。（3）贫困具有动态性。不管是从时间上，还是从地域上，贫困都不是一成不变的。有鉴于此，本书认为，贫困就是一个人或一个家庭由于所拥有或占有的物质资本、人力资本、社会资本等资源要素无法为其稳定提供能够达到社会普遍认同的常规生活标准的一种匮乏的生存状态。匮乏或短缺是贫困的外显，也是贫困的基本特征，它不仅指满足基本生存需要的收入的匮乏，还包括发展机会、社会福利的匮乏，是一种无法达到社会认同的最低标准要求的困顿状态。

考虑到中国贫困问题仍然是收入贫困（或绝对贫困）为核心这一客观现实，当前的精准扶贫方略主要是以解决收入贫困（或绝对贫困）为主要目的，同时结合本书的研究目标设定，本书在后续的研究中将侧重探讨的是贫困人口在收入层面的匮乏与变化状态，采用的贫困标准为：2011 年 11 月 29 日中央扶贫开发工作会议确定的农民年人均纯收入为 2300 元。当然了，这并不意味着本书对多维贫困观持否定态度，本书同样坚定地认为贫困与权利、能力、财富、文化等要素具有相关性。收入贫困在一定程度上是能力贫困与权利贫困的综合反映。从扶贫实践来看，贫困人口的脱贫首先表现为收入上的脱贫。不过，这种增收效应不是短期的增收，而应该是可持续获得超出贫困线的收入水平。要帮助贫困人口形成永久性摆脱收入匮乏的状态，则必须基于多维贫困内涵采取系统科学的多元化帮扶措施，培育贫困人口获得可持续增收的能力。

（二）反贫困

来自瑞典的诺贝尔经济学奖获得者缪尔达尔在著作《世界贫困的挑战》中从治理贫困的政策出发，提出了"反贫困"（anti-poverty）概念，最早将其引入了学术研究中。②

从语义的角度来讲，反贫困就是贫困的对立面，因贫困的发展而发展，二者相伴相生。由于贫困是有程度差异的，因此，反贫困行为的结果目标也具有层次性。从短期来讲，反贫困的目标是为贫困人口提供生存保障；从中

---

① 吴国起：《财政扶贫资金绩效管理改革研究》，财政部财政科学研究所博士学位论文，2011 年，第 36 ~ 37 页。

② 曾勇：《中国东西扶贫协作绩效研究》，华东师范大学博士学位论文，2016 年，第 63 ~ 64 页。

长期来看，反贫困的目标则是致力于塑造贫困人口的独立发展能力。基于层次化的目标导向，理论上常常将反贫困解释为减少贫困、缓解贫困和消除贫困。其中，减少贫困意指贫困人口规模的减少，缓解贫困则强调贫困程度的减轻，而消除贫困表达的是永久消灭和根除贫困，为反贫困的最终目标。本书对于反贫困的界定与当前学术界的主流表述保持一致，认为反贫困就是减少贫困、缓解贫困、消除贫困。为了表达简练，在不影响观点表达的前提下，本书并未严格区分这三者的程度差异。

二、财政扶贫

经过多年的努力，我国逐步形成了以政府为主导、社会各界广泛参与的农村扶贫模式。从扶贫资金的来源来看，可以分为财政资金、社会资金、国际援助资金等多种类别。其中，来源于财政的扶贫资金处于绝对支配地位，奠定了政府在扶贫中的主导地位，财政资金成为政府主导扶贫实践的重要抓手。在全面实施精准扶贫方略的当下，财政资金也同样是精准扶贫资金的主要来源，具有举足轻重的影响。

所谓财政扶贫，就是政府作为行为主体，利用一般公共预算安排的财政资金，扶持贫困地区经济和社会事业发展，改善贫困地区的基础设施和生活条件，提高贫困人口生活水平和综合素质的一种扶贫方式。简而言之，财政扶贫就是使用财政资金开展扶贫的所有扶贫行为的总称。它要同时具备两个条件：首先，扶贫资金来源于财政；其次，由政府利用财政职能开展扶贫工作。前者属于财政扶贫资金的投入与管理，后者则是政府农村扶贫的政策意图。

在实践中，我国政府是采用专项资金的方式来下达和使用财政扶贫资金。与其他扶贫方式相比，财政扶贫的最大特征，也是唯一的区分标志，就是使用的资金由财政供给。至于财政扶贫力度的大小，则可以通过投入资金的多少来反映。财政扶贫资金投入越大、占财政支出比例越高，则意味着政府对扶贫工作越重视，表明政府的财政扶贫力度越大。财政扶贫是方式或手段上对政府扶贫行为的界定，而财政扶贫资金则是对政府扶贫行为投入要素的描述，两者实质上所指为同一事物，相当于一个硬币的两面。为了表达的简练，如无特殊说明，本书将二者作为同义语使用，表达相同事物。

虽然我国财政扶贫资金的最终来源都是财政收入，但是，资金的具体结构比较复杂，这也决定了资金的支出方向也同样复杂。我国财政扶贫资金包括：中央财政专项扶贫资金和地方财政专项扶贫资金。其中，中央财政专项扶贫资金又可以细分为：新增财政扶贫资金、"三西"农业建设专项补助资金、少数民族发展资金、支援经济不发达地区发展资金、以工代赈资金，以及用于国有贫困农场、国有贫困林场、"三北"防护林的财政扶贫资金和扶贫专项贷款贴息资金等。[①]

财政部明确规定了每一类扶贫资金的用途，不得滥用或者随意更改。其中，财政扶贫发展资金（由支援经济不发达地区发展资金、新增财政扶贫资金构成）重点用于科技扶贫，发展种植业和养殖业；适当用于乡村道路、桥梁修建、基本农田及水利建设、人畜饮水工程建设、农村的基础教育、医疗卫生、文化广播和电视事业发展。以工代赈资金主要用于改善贫困人口生产生活条件、生态环境，使用范围限于基础设施建设，重点包括县以下各级道路修建、基本农田及小微型水利建设，饮水工程及小型流域整治等，还可以适当用于易地搬迁的基础设施建设。财政贴息的信贷扶贫资金则主要用于重点贫困地区，支持能够带动贫困人口增收的种养业、劳动密集型企业、农产品加工企业、市场流通企业和基础设施建设项目，以及各类企业到贫困地区兴办的有助于带动贫困户增收的项目和小额信贷项目。[②]

需要注意的是，2017 年 3 月，为了贯彻落实《中共中央国务院关于打赢脱贫攻坚战的决定》精神，规范财政扶贫资金使用行为，进一步提升资金绩效，财政部、国务院扶贫办等部委专门对原来的《财政专项扶贫资金管理办法》进行了修订，出台了新的《中央财政专项扶贫资金管理办法》。新的管理办法规定，中央财政专项扶贫资金是中央财政通过一般公共预算安排的支持各省（自治区、直辖市）以及新疆生产建设兵团开展精准扶贫、精准脱贫的资金，使用范围为：培育、壮大贫困地区的特色产业；改善小型公益性生产生活设施条件；增强贫困人口自我发展能力和抵御风险能力等。

为便于分析比较，本书仍然按照《中央财政专项扶贫资金管理办法》出台前的财政扶贫资金分类来进行资金统计分析和开展实证研究。对财政扶贫资金的统计，既包含了来自中央财政的专项扶贫资金，也包含了来自省级财政的专项扶贫资金。

---

① 李小云、唐丽霞、张雪梅：《我国财政扶贫资金投入机制分析》，载于《农业经济问题》2007 年第 10 期，第 77～82 页。

② 刘坚：《中国农村减贫研究》，中国财政经济出版社 2009 年版，第 97～98 页。

三、财政扶贫收入分配效应

从语义学角度来看，"财政扶贫收入分配效应"为偏正式短语，就是指财政在扶贫行为中发挥出来的收入分配效应。显然，准确理解收入分配效应的内涵，是厘清财政扶贫收入分配效应内涵的前提。

按照系统理论，在有限环境下，系统内某些因素或者结果的改变将会通过内在联系引发其他因素或者结果产生变化，这种变化即为通常所言的效应。因此，从本质上看，效应就是由一种变化带来的变化。收入分配作为一种经济活动，反映的是国民收入或者社会产品在不同经济实体、社会成员之间的归属情况，是分配主体与分配客体共同运动的结果，属于一个异常复杂的有机系统。在收入分配系统中，某一因素的变化，必然会反馈到系统本身，产生相应的作用效果。从表面上看，收入分配揭示的是"人与物"之间的关系——分配主体分割占有分配客体；而从本质上看，它反映的则是"人与人"之间的权利关系——分配主体与分配主体之间的关系。[1] 正如马克思主义哲学所揭示的"内容决定形式"，"人与物"的关系最终必然会受制于"人与人"的关系。于是，高书生和刘晶指出，在行为主体与外界环境发生交互作用的过程中，收入分配活动在不断受到外界环境影响的同时，还会通过因素间的互动作用改变外界环境，从而产生分配效应。[2]

由此看来，可以将收入分配效应理解为：群体或者个体利用各种渠道和路径参与国民收入分配、取得收入之后，前面分配和取得的收入在一定程度上又会反过来对国民收入分配状况产生影响。根据影响波及的层面，收入分配效应又被细分为微观效应、中观效应和宏观效应。其中，微观效应是指个体层面的收入分配差距效应；中观效应指行业或者部门间，以及派生组织层面的收入分配差距效应；宏观层面则是指由收入差距引致的就业、消费等宏观经济效应。[3] 可见，收入差距是收入分配效应的基本构成内容。由于收入

---

① 王文利：《改革开放以来中国分配制度变迁的回顾与思考》，载于《长安大学学报（社会科学版）》2004年第2期，第24~28，62页。

② 高书生、刘晶：《收入分配的效应分析》，载于《经济理论与经济管理》1998年第3期，第67~71页。

③ 张传勇：《中国房价波动的收入分配效应研究》，华东师范大学博士学位论文，2012年，第73~74页。

差距是通过收入水平比较得出的，讨论收入分配差距问题，就必须以收入水平的变化作为起点。因此，收入分配效应主要包括绝对值层面的变化——收入增长效应和相对值层面的变化——收入调节效应。

基于上述分析可以看出，财政扶贫收入分配效应应该包括财政扶贫行为带来的收入增长效应和收入差距调节效应。作为扶贫资源的重要配置手段，财政扶贫对于贫困居民的收入增长、收入差距调节带来了哪些影响呢？这也正是本书重点关注的核心问题。为了方便进行深入研究分析和定量比较，本书在分析讨论财政扶贫的收入增长效应时，主要是选取财政扶贫对于贫困地区农村居民收入的影响来进行研判，在分析讨论财政扶贫的收入差距调节效应时，则主要是基于贫困地区农村居民与城镇居民的收入差距变化来进行比较分析。

此外，在我国贫困人口的识别与认定实践中，基于收入水平而划定的贫困线是十分关键的衡量标准，在脱贫考核中也具有特别重要的地位，能够脱贫摘帽的贫困人口首先必须在收入水平上高出贫困线。从作用程度来看，财政扶贫可能会帮助贫困人口实现收入较大幅度的增长，直至超出贫困线，成功脱贫，即发挥出了减贫效应。可见，财政扶贫的减贫效益在某种程度上就是财政扶贫收入分配效应的另一种反映。因此，本书便将财政扶贫的减贫效应也纳入了财政扶贫的收入分配效应范畴，与财政扶贫的收入增长效应、财政扶贫的收入差距调节效应一起，构成了财政扶贫收入分配效应的三个分析维度。本章第四节将对此作进一步阐述。

第二节　财政支持扶贫的理论依据

一、公共财政理论

公共财政理论的逻辑起点是市场失灵。在市场经济条件下，普遍存在市场失灵现象。为了弥补市场"无形之手"的缺陷，政府必须依靠"有形之手"提供具有非排他性和非竞争性的纯公共产品和带有公共产品特性的准公共产品。在公共财政模式下，财政的出发点和落脚点就是，满足全体社会成员的公共需要，而不是某个特定个体或特定区域的特殊需要。公共性成为财政的本质特征与根本要求。市场失灵必然造成贫富悬殊，两极分化，贫困就是市场失灵的后果。扶贫开发具有公共产品属性，不仅具有非排他性，而且具有非竞争性，依靠市场自身来解决贫困问题显然不现实。为此，政府在减缓和消灭贫困方面具有不可推卸的责任，必须提供扶贫服务，不能缺位，这是政府的职责所在。财政作为国家治理的基础和保障，自然责无旁贷，要为政府承担起这个职责。这是由公共财政的基本职能决定的。

首先，财政支持扶贫是履行资源配置职能的要求。在私人商品市场上，当消费者消费一单位的商品所得到的边际效用与消费者为得到该商品所需要支付的边际成本相等的时候，市场定价机制便产生了有效率的价格，能够保证该商品有效供给。在公共商品领域，由于公共产品的非竞争性，按照边际成本定价，私人部门将不愿意为市场提供该种产品。同时，农村公共品由于自身的非排他性特征，所有人都能够消费该单位公共品，而不能将一部分消费者排除在外，任何人都不拥有公共品的所有权，因此，单个人就不会为了他的某种需求去直接购买公共品，而是等待他人购买后通过"免费搭车"从中受益。如果完全依靠市场机制来配置公共产品资源，必然会导致公共产品的供给不足，造成社会效率的损失。于是，公共产品只能全部或者部分由政府提供，才能满足社会发展的需要。对于贫困地区，诸如农村道路、桥梁、农田等基础设施和义务教育、基础医疗、社会救济等公共产品都是市场所不愿提供或无法充分提供的，但又是社会经济发展所必不可少的产品，属于全体居民共同利益的集中体现。它们的缺失，会导致贫困人口缺乏脱贫和发展的机会和能力，同时也是造成我国农村致贫乃至返贫现象频发的重要原因。政府承担这些公共产品的供给责任，既是矫正市场失灵的需要，更是履行财政资源配置职能的客观需要。

其次，财政支持扶贫是履行收入分配职能的要求。不管是收入贫困，还是能力贫困，抑或权利贫困，背后隐藏的都是公平问题。调节收入分配差距为财政三大基本职能之一，它所追求的目标正是实现收入分配公平。财政在扶贫过程中，通过累进税率向高收入者课税筹集扶贫资金，然后利用转移支付制度，补贴和救助低收入者，从而为他们的基本生活需要提供必不可少的保障，恰好履行了收入分配职能。与此同时，财政通过建立健全覆盖贫困人口的社会保障体系、支持和推进贫困地区基本公共服务供给均等化，也是财政履行收入分配职能的有效途径和生动体现。

最后，财政支持扶贫是履行经济稳定和发展职能的要求。贫困既是区域发展不平衡的表征，也是结果。现阶段财政对于贫困地区予以必要的帮扶，就是缩小区域发展差距，稳定经济运行局面的具体行动。从实践来看，财政扶贫的首要任务包括，加强贫困地区生产、生活设施条件建设，补长社会公共服务不足短板，塑造贫困人口全面发展能力。这些问题的有效解决不仅能够缩小社会收入差距，还将提升区域间的平衡发展水平，实现社会稳定和谐。

二、福利经济理论

英国经济学家亚瑟·塞西尔·庇古（Arthur Cecil Pigou）作为福利经济学理论的开山鼻祖，以边际效用价值论作为分析工具，构建了福利经济学理论的分析框架，提出了收入均等这一基本主张。庇古认为，当国民收入总量不断扩大、收入分配均等化程度不断提高的时候，社会福利水平会越来越大。也就是说，社会福利实现最大化的必要条件是：收入分配最优与资源配置最优。在国民收入规模不变的条件下，改善收入分配均等化水平可以改进社会整体福利水平，相关的影响机理如图 1－1 所示。

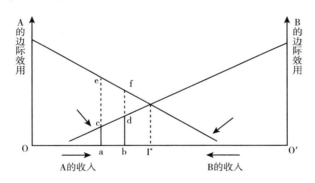

图 1－1 最优收入分配模型

用 A、B 代表两个社会成员，社会整体福利则为他们的个人效用之和。假设每个人的效用函数相同，并且由各自的收入决定，同时，社会总的收入总量一定，而个人收入边际效用递减。图中水平距离 OO′ 表示社会可获得的收入总量，O 点向右的距离表示 A 的收入，O′ 向左的距离表示 B 的收入。这样，可以用 OO′ 上的任何一点表示 A 和 B 之间的收入分配。O 点向上的垂直距离表示 A 的收入边际效用，A 的收入边际效用曲线表示为 MU_A。O′ 点向上的垂直距离表示 B 的收入边际效用，他的收入边际效用曲线表示为 MU_B。沿横轴向左移动表示 A 的收入增加，由于 A 和 B 具有相同的效用函数，因此，

B 就是 A 的映像。最初 A 的收入为 Oa，B 的收入为 O′a。当把 ab 数量的货币从 B 转给 A 后，每个人的收入变化所引起的效用变化是收入边际效用曲线之下的面积。于是，A 的效用增加了 abfe 面积，B 的效用减少 abdc 面积，但是，A、B 的效用之和却增加了 cdfe 面积。在 I* 点 A 和 B 的收入、边际效用均相等时，社会的总福利实现最大化。可见，通过收入再分配，为穷人提高收入，改善收入均等化水平，可以增加社会总效用。

上述模型推理过程，说明社会福利会受到收入分配公平化的影响，把富人的部分收入转移给穷人后，富人减少的效用要远远低于穷人增加的效用，有助于实现社会福利最大化。这无疑为现实财政支持扶贫、缓解贫困提供了理论依据。因此，政府应该实行再分配政策，比如完善转移支付制度和社会保障制度，对贫困人口给予补助，提高贫困人口的生活水平，实现社会公平。

20 世纪 70 年代，哈佛大学哲学教授约翰·博德利·罗尔斯（John Bordley Rawls）提出关于社会福利的罗尔斯标准，即一个社会的福利水平只取决于社会效用最低的那部分人的福利水平。即使社会的经济发展水平再高，只要境遇最差的那部分人的福利水平没有提高，那么社会整体福利水平就不会有进步。因此，要想提高社会整体福利水平，就必须努力提升社会上境遇最差的那部分人的福利水平，这无疑是对贫困治理重要性的进一步阐释。政府通过财政扶贫缩小收入分配差距，推进基本公共服务均等化，扶持社会上的弱势群体，保障每一个人的基本生存和生活条件，不仅降低了贫困发生率，更有利于实现社会福利最大化。

三、社会公正理论

1971 年，罗尔斯的专著《正义论》出版，将社会公正理论研究推向新高度。在《正义论》中，罗尔斯对西方主流正义理论进行了深刻批判，认为"正义的主体就是构建社会的基本框架，包括社会体制分配，社会主体职责、权利和义务，以及确定社会总体利益的分配方式"。①

罗尔斯不仅反对"功利主义正义观"，而且反对"直觉主义正义观"。前者所谋取的是社会大多数人的利益与幸福，对导致社会全体成员总满足量的

---

① 约翰·罗尔斯：《正义论》，何怀宏、何包钢、廖申白译，中国社会科学出版社 2001 年版，第 29～30 页。

净差值最大。后者则缺乏理性，基于直觉感官的正义观也不可持续，无法胜任道德哲学角色。为此，罗尔斯提出，正义即公平。一方面是"前提公平"，即原始状态下的公平是得到了社会全体成员的一致同意的；另一方面是"目标公平"，即由公平的契约能够实现公平的结果。① 人人应该具有平等的、最广泛的基本自由权。社会正义要求经济社会应该向全体社会成员开放权利和地位，努力消除国民收入和社会财富分配领域的不公平，改变经济社会的不平等。

用公平正义观取代功利主义正义观和直观主义正义观，有效解决贫困地区社会公正的缺失问题，这些正是反贫困的痛点所在。贫困在某种程度上正是社会收入分配不公的具体表现，也是对人的基本自由权的野蛮剥夺。在正义实现方式上，罗尔斯还进一步建议在优先保障自由权的基础上，尽可能照顾弱势群体的利益诉求，落实平等权。而在某种程度上，丰富了社会收入分配不公问题的方法论，为财政支持农村扶贫事业提供了有益启示。

四、可持续发展理论

在经济发展过程中，只有区域经济协调发展，才能实现最终的可持续发展。一旦某些地区的经济发展失衡，就会对整体经济的发展产生不利影响。而市场并不能自动调节各区域的均衡发展，市场竞争反而会加剧地区间的不均衡程度。

作为对传统发展理论的改进与扩展，可持续发展理论不再单纯强调追求经济的高速增长，而是要求实现经济、社会、人口、资源、环境的全面协调发展。可持续发展倡导持续性、公平性和共同性三个基本原则，既要求以满足人的"需要"作为导向，又要求对"需要"进行限制。之所以要限制需要，是因为如果当代人的需要超过了环境资源承载能力，那么就会对后代人的生存与需要满足构成危害，影响后代人与生态环境的可持续发展。

解决当前的农村贫困问题、消除贫困是实现可持续发展的重要前提。只有满足了贫困人口的生存需要，他们才有心思和精力去关注资源与环境承载力，才有动力去参与环境保护，改善生态环境，重视地区的可持续发展。与此同时，当前的精准扶贫战略，也必须是建立在可持续发展基础之上，在扶

---

① 沈晓阳：《正义论经纬》，人民出版社 2007 年版，第 55~58 页。

贫开发过程中，协调好建设发展与环境保护、生态建设之间的平衡关系，努力提高贫困地区的可持续发展能力。为此，国家必须利用财政手段，为贫困人口的基本生存权利提供可靠保障，满足他们的基本需要，塑造他们的发展能力，避免他们为了短期利益而耗尽自然生态资源，破坏人类赖以生存的环境生态，影响地区的可持续发展。

第三节　财政扶贫的作用机制与路径

一、财政扶贫资金的传递过程

我国财政扶贫取得了巨大成就，但也不能忽略这样一些事实：我国贫困人口的数量仍然巨大；官方贫困线定得还是太低；未脱贫的越来越难脱贫；有些脱贫者没过多久就又重新返贫。增加贫困人口的收入并不是财政扶贫的根本目的，而只是一种水到渠成的结果，财政扶贫的根本目的是提高贫困人口的反贫能力。当前财政扶贫资金除了无偿性特点之外，规模不断扩大，但仍以供给为导向；以项目作为传递依据，计划指导性强；资金的统筹整合程度不断提高，以期形成合力。

财政扶贫资金的传递过程有固定的程序，除极个别试点项目是由中央财政直接拨付到项目外，从中央到省一级的传递全国基本一致，采取专项转移支付的方式进行。具体的分配方法，自 1997 年之后，由传统的"基数法"调整为了"因素法"。国家财政扶贫资金主要是通过财政部和发改委进行传递的。其中，以工代赈资金由发改委逐级传递；其他财政扶贫资金在从国家向省一级传递中，主要依据项目的不同，由财政部门和具体的资金管理部门共同完成。比如，少数民族发展资金是由财政部门和民委部门共同管理；贫困地区义务教育工程专项补助资金由财政部门和教育部门共同管理；中央专项退耕还林还草工程补助由财政部门和林业部门共同管理。

从省往下的财政扶贫资金分配方式并不统一。过去多数省份是在参照上年基数的基础上，通过审批项目来审批资金。现在为了提高财政扶贫资金的使用效率，不少省份采用因素法将资金切块分配到县。财政扶贫资金在县级向下的传递程序大体一致，主要是将扶贫资金传递到明确的扶贫项目上，由项目带着资金走。因此，县级政府、财政部门和相关管理部门在扶贫资金传递过程中发挥着重要的作用，会在很大程度上决定着扶贫资金的投向和使用效率。所以，扶贫资源能否或者能在多大程度上准确地传递到扶贫项目和贫困群体身上，关键取决于县这一层级。[①]

二、财政扶贫的作用机制

机制的本意是指机器运转过程中各个零部件之间的互动关系及其运转方式。实践中各类扶贫模式的产生，实质上就是对反贫困机制的具体化与灵活运用。财政扶贫与非财政扶贫的差异只是投入的资金来源不同罢了，在作用机制上并没有本质的区别。

农村反贫困机制属于经济机制的一种，就是在一定的经济环境之下，通过一系列相对规范、稳定、配套的制度安排，使贫困居民能够在自利行为驱动下实现脱贫目标。而财政反贫困机制则是政府为了消除贫困，运用财政工具对贫困人口或贫困地区进行救济、补贴或者扶贫开发的制度安排。它的作用机理就是针对贫困产生的原因，利用财政手段，作用于贫困对象，达到反贫困目标。由于可支配收入水平是衡量脱贫与否的关键指标，从逻辑上看，要改变贫困户的生存窘境，则必须通过有效的扶贫资源投入，增加家庭收入，降低家庭支出，提升贫困户的可支配收入水平。当然了，这种可支配收入水平的改变必须是长期的，而非昙花一现。所以，在反贫困过程中，还离不开完善的脱贫保障服务，确保贫困户不再返贫。

由于市场对资源配置起决定作用，农村反贫困应该主要依靠市场机制这只"看不见的手"，也不能没有政府的干预和支持，因为反贫困具有效用和利益的非排他性，具有公共品属性。所以，在扶贫过程中，财政主要是用来弥补市场失灵的。为了改变贫困人口在资源配置中的弱势地位，政府必须充分发挥财政职能，针对贫困地区和贫困人口实施一系列反贫困政策。因此，财政扶贫作用机制的核心就是，将各级政府筹集的扶贫资源（主要是财政扶贫资金）在精准识别的扶贫对象中灵活运用行政和市场两种手段，实现高效率配置，降低贫困户支出成本，促进贫困户稳定增收，建立完善的脱贫保障服务，形成合力，以确保贫困户形成可持续的生存能力和发展能力，成功脱贫"摘帽"。当然了，在当前精准扶贫深入实施、脱贫攻坚进入攻城拔寨的

---

① 童宁：《农村扶贫资源传递过程研究》，人民出版社 2009 年版，第 82 页。

关键阶段，任何财政扶贫行为还必须以《中共中央国务院关于打赢扶贫攻坚战的决定》《中华人民共和国国民经济和社会发展第十三个五年规划纲要》等扶贫纲领性文件和习近平总书记精准扶贫理念为指导，在扶贫资源的筹集、分配和使用时要服从和服务于精准扶贫战略的顶层设计。为此，构建形成了如图1-2所示的财政反贫困机制。

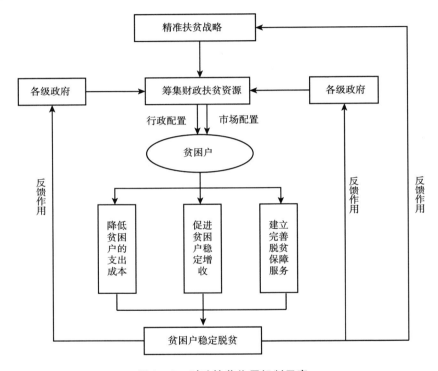

图1-2　财政扶贫作用机制示意

三、财政扶贫的路径分析

从财政扶贫的作用过程来看，可以将财政扶贫路径细分为直接路径和间接路径两类。其中，直接面向贫困人口的为直接路径，需要借助中间媒介才能发挥减贫效应的为间接路径。直接路径一方面是通过转移支付对贫困人口进行补贴，减少他们的日常支出，相当于增加了他们的可支配收入；另一方面则是通过改善和提高贫困人口的劳动效率，直接提高他们的收入水平。间接路径则主要是从中观和宏观层面对经济总量与结构进行影响，间接改善贫困人口收入状态，从而达到减贫目的。

（一）财政扶贫的直接路径

财政直接扶贫是指财政支出直接面向贫困人群这个主体，通过财政支出手段实现减贫。比如，通过增加面向贫困人口的教育、医疗、卫生、技能培训等领域的财政支出，提高他们的人力资本存量，有利于提高其收入水平；通过增加面向贫困人口的生产生活补贴支出，可以减轻他们的生活负担，改善他们的生存状态，达到财政减贫的目的。具体实施渠道有以下两个方面。

1. 满足贫困人口的基本需要

财政扶贫资金的某些支出项是采取直接补贴的方式进行支付的。这些直接补贴以满足贫困人口的基本生存需要为导向。全国不少连片特困地区地理环境十分恶劣，地方病高发，土地资源缺乏，长期处于封闭落后的状态，交通、通信、文化教育和医疗保健等奇缺，贫困居民基本处于"靠天吃饭"的状态。对于那些综合评估下来，属于"一方水土养不活一方人"的地区，财政通过发放易地搬迁补贴，鼓励他们改善生存环境。对于那些基本生存条件不足而又无法实施搬迁安置的地区，财政扶持的政策导向则是建立和完善最低生活保障制度，提供人畜饮水、卫生设施、疾病防治、基本住房、基础教育等援助措施。

为贫困地区初等教育和卫生医疗等支出建立切实的、经常性的政府转移支付制度是非常必要的，是克服贫困的核心要素。[①] 财政在教育、卫生医疗方面的支出可以减轻贫困家庭小孩入学及病人的医疗负担，直接降低这些家庭的相关支出，对贫困家庭的减贫作用十分明显。一定程度的基础教育和健康支出不仅会产生直接减贫作用，而且成为农村可持续经济增长以及消除贫困的先决条件。教育和卫生政策应当密切结合整体反贫困计划中的其他因素，并且成为多部门的地区减贫计划中的重要组成部分。

2. 增强贫困人口的发展能力

收入低下确实是贫困的重要表现，但是财政扶贫的出发点和最终归属不能简单理解为增收。增加贫困人口收入只是财政扶贫的结果表现，属于表象而非本质。帮助贫困户形成可持续的生存发展能力，永久性摆脱贫困，才是

[①] 蒋志永、何晓琦：《中国减贫策略中的微观政策》，载于《经济问题》2006 年第 5 期，第 22～24 页。

扶贫的最终目的。也就是说，财政扶贫不仅要解决收入贫困问题，更要解决能力贫困问题，把贫困人口发展能力问题解决了，收入贫困的解决也就水到渠成了。教育支出、卫生医疗支出以及社会保障和就业支出可以提高劳动者的智力素质、体力素质，达到增加收入的效果。财政扶贫支出可以通过提高贫困地区劳动者的素质，提高贫困人口的人力资本存量，增强他们的发展能力，从而实现财政减贫目的。包括对贫困人口开展多元化的基础教育、职业教育和技术培训，提高贫困人口的劳动技能、科学文化和思想道德素质；提高贫困人口的农业生产技能、非农生产技能、劳务转移技能以及择业技能，提高贫困人口在市场经济条件下的自我生存能力、自我选择能力、自我发展能力，打牢脱贫致富的根基，阻断贫困代际传递。

（二）财政扶贫的间接路径

财政间接扶贫是通过财政支出来促进经济的增长，再由经济的增长带来贫困地区内外部经济社会环境的变化来实现减贫目的。这里的经济增长不单单指农业经济增长，还包括非农业部门的经济增长。因为贫困人口的收入除了农业经营收入，还有工资性收入，所以农业经济和非农业经济增长都有可能改善他们的收入状况。

1. 财政扶贫支出促进经济增长

财政支出是通过对劳动、资本、技术等生产要素的作用来促进经济增长的。对于农村贫困人口而言，农业经营收入仍然是主要收入来源。而财政涉农支出的增长，有利于推动农业产值不断增长，从而带动农村贫困居民收入实现可持续增长。[①] 尤其是，对于贫困地区而言，政府利用财政扶贫资金进行投资，可以有效增加适应经济发展所需的资本，从而推动社会经济增长。与此同时，财政扶贫支出还可以增加社会总需求，对社会经济增长形成拉力。通过生产性支出这一渠道，政府能够直接深度参与贫困地区经济建设活动，不仅有利于增加社会总供给，还扩大了社会总需求，双管齐下，共同促进贫困地区经济增长。与此同时，政府还可以实施供给侧结构改革，引导和优化

---

① 李建军：《城镇居民收入、财政支出与农民收入——基于1978～2006年中国数据的协整分析》，载于《农业技术经济》2008年第4期，第34～40页。

贫困地区的产业结构，推动贫困地区经济增长实现质的飞跃。[①]

2. 经济增长促进贫困地区减贫

目前，对经济增长减贫机制的解释主要建立在"涓滴理论"的假设之上，即通过资本积累实现的经济增长利益将自发地对穷人起到"涓滴"作用。[②] 经济增长可以促进减贫的机理主要有以下五个方面：

（1）推动农村劳动力转移。当前，农业的劳动边际生产率远低于非农业。农村贫困人口通过转移到非农业领域就业，可以实现收入的大幅增长。

（2）提高要素报酬水平。在经济的发展进程中，劳动、资本、土地等生产要素的稀缺状况出现了动态变化，影响了它们的相对低位。由于人口老龄化以及土地供给总量限制，使得贫困人口的生产要素报酬相对增加，从而在一定程度上改善收入分配格局。

（3）改变产品价格。随着产业结构的不断调整，第一产业的比重在三次产业中不断下降。农业产业规模的相对减少，带来的是市场上农产品供给的相对减少，从而有利于提高农产品价格。而非农产品市场供应的相对增加，一定程度上带来其价格的相对下降。这样会对贫困居民的经营收入与消费支出两个维度同步改变他们的贫困状态。

（4）降低交易费用。一方面，通过物流交通、通信设施等硬件环境，以及制度软环境的改善，降低了农村贫困地区市场交易成本，有利于提高贫困人口的收入水平；另一方面，随着交易费用的下降，社会资本、人力资源、土地等生产要素可以更顺畅地流动，在增强农业"溢出效应"的同时，推动农村第二、第三产业发展，进一步改善贫困人口收入。此外，交易费用的降低，还有利于鼓励贫困居民积极创新，改善种植业、养殖业结构，提高农业经营收入。

（5）带来转移支付收入。在平均税率不变的情况下，国家经济总量持续增加，将进一步提升财政筹资能力，夯实贫困地区转移支付的保障能力，增强政府的财政扶贫力度，贫困居民能够获得的政府转移收入相应也会水涨船高。另外，政府财政收入的增加，也为进一步面向农业和农村实施税收优惠政策提供了可能。税收优惠不仅可以直接减少贫困居民的税负，而且还可以

---

① 王海：《财政支出减贫：机理分析与政策启示》，载于《河南师范大学学报（哲学社会科学版）》2013年第3期，第69～73页。

② 纳克斯：《不发达国家的资本形成问题》，谨斋译，商务印书馆1996年版。

为贫困地区经济松绑，激发内生动力，促进地区整体经济发展，再次为贫困居民改善收入水平创造可能性。

第四节　财政扶贫调节收入分配效应的机理

一、财政扶贫调节收入分配的逻辑

合理的收入分配关系到社会弱势群体的处境，又涉及社会安定及和谐社会的构建，它既是一个经济问题，又是一个道德问题，甚至还是一个政治问题。财政扶贫作为一种扶贫制度安排，其特征是由政府动用财政手段来消除贫困，扶贫资金全部来源于财政收入。从逻辑上来看，财政调节居民收入分配就是通过财政专项转移支付对国民收入进行的再分配。政府凭借其公权力，依法强制性地以征收税收（或费）的形式形成财政收入，然后依法将财政扶贫待遇给付给贫困个体，履行收入再分配职能，达到对收入进行再分配的目的。

首先，通过财政扶贫资金的筹集调节收入分配。财政扶贫资金来源于中央财政专项资金和地方政府的配套资金及专项扶贫资金。这些资金属于财政一般公共预算支出，是政府运用税收法定权募集而来。其中，通过个人所得税、财产税募集财政扶贫资金的行为便表现为政府对国民收入初次分配结果的矫正。个人所得税、财产税均采用累进税率，税基越大、税率越高，可以让负担能力大者多负税，负担能力小者少负税，从而对纳税人的收入和财富进行调节，缩小纳税人之间的收入差距。

其次，通过财政扶贫资金的支出调节收入分配。精准扶贫的实施，要求财政扶贫资金的使用从过去的到县到村向到村到户过渡，更加聚焦于贫困村和贫困户，减少资金漏出。扶贫项目由县级政府审批，扶贫资金随项目走。目前，从扶贫资金的投向来看，财政扶贫资金可以分为扶贫发展资金、以工代赈资金、少数民族发展资金、易地搬迁资金、国有贫困农产和林场扶贫资金、困难群众生活补贴资金等。这些资金中的一部分是直接以现金形式无偿支付给贫困人口的各种补助和补贴，比如教育扶贫的"雨露计划"、贫困人口的医保补贴和生活补贴等，为他们的生存保障进行兜底，直接提高了这部分群体的收入水平或者降低了他们的生活支出，具有最直接的收入再分配效应。财政扶贫资金的另一部分则是用于贫困地区的经济开发和农村公共服务的提供，比如农村基础设施建设、农田水利设施建设、特色农业培育和引导等。这些资金通过增加贫困地区资本存量，提升经济发展能力，以经济发展带动当地居民收入增长，表现为一种间接的收入分配调节效应。

简而言之，可以用图1-3描绘财政扶贫支出调节收入分配的基本逻辑。通过财政转移支付手段，将发达地区的收入或富裕阶层的收入无偿分配给贫困者，这就是财政扶贫支出直接调节收入分配的逻辑。而财政扶贫支出对收入分配的间接调节，则是借助于财政扶贫支出、经济增长与贫困居民收入分配三者之间的相互作用关系实现的。财政支出是促进贫困地区经济增长的手段之一，政府通过生产性财政支出或社会性财政支出提高经济增长，这样就能做大"蛋糕"。当"蛋糕"越来越大之后，通过"涓滴效应"分配给贫困人口的"蛋糕"自然也越来越大。于是，形成了财政扶贫支出促进经济增长，经济增长又提高贫困人口收入水平的良性循环。

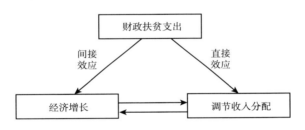

图1-3　财政扶贫支出调节收入分配示意

二、财政扶贫收入分配效应的双向性

财政在扶贫过程中，通过专项转移支付可以对贫困地区居民收入水平和收入差距产生作用，对社会的收入分配结构以及居民之间的收入分配状况产生明显的影响。这种影响其实就是财政扶贫的收入分配效应。因此，财政扶贫收入分配效应就是由财政扶贫行为产生的收入分配效应——政府在运用财政资金和财政政策进行扶贫的过程中，对居民收入分配带来的影响和效果。当然了，由于扶贫资金的使用仅限于贫困地区，所以这种收入分配效应主要考察对贫困地区居民收入分配带来的影响和效果。从扶贫的初衷来看，当然希望这种收入分配效应是积极的，可以缩小贫困地区收入差距。但是，从理论上进行分析的话，这种分配效应具有双向性，也就是说，财政扶贫有可能缩小收入差距，也有可能带来收入差距的扩大。

（一）财政扶贫缩小收入差距的效应

财政扶贫缩小居民收入分配差距的效应，可以分为直接效应（显性效应）和间接效应（隐性效应）两种。显性效应源于财政扶贫通过转移支付履行收入再分配的职能过程。一方面是财政扶贫资金在保护弱势群体、维系低收入者的基本生活时所发挥的收入再分配作用。比如，在财政扶贫中，将主要通过一般税收筹集的扶贫资金有针对性地用于贫困人口的社会救助、社会福利保障项目中，可以直接缩小居民之间的收入差距。另一方面是财政扶贫资金在提供均等化的基本公共服务中可以发挥缩小居民收入差距的作用。比如，财政扶贫在解决"因学致贫""因病致贫"、易地搬迁等问题上所采取的针对性帮扶措施，可以防止居民收入差距的扩大。

至于间接效应（隐性效应）则是源于财政扶贫的投资功能实现的，是财政扶贫在贫困地区社会建设、经济促进、人力资本培育方面的"投资性支出"产生的回报。财政扶贫的投资性支出，有利于提高贫困地区文明水平和公平正义水平，从而使每一个社会成员都可以在谋求发展中获得日益公平的社会环境，共享社会经济发展成果，这显然有利于缩小居民收入差距。与此同时，通过财政扶贫，培育贫困地区特色产业经济，促进贫困地区经济良性发展，为贫困人口稳定增收提供保障与支撑，让贫困人口在经济发展中得到更多获得感，从而起到缩小收入差距（或防止收入差距扩大）的作用。

（二）财政扶贫扩大收入差距的效应

财政扶贫并不必然带来收入差距的缩小，它还有可能出现"逆向调节"，扩大居民收入差距。它之所以不是缩小收入差距的充分条件，主要原因在于财政扶贫实施过程中有利于高收入者、不利于低收入者，非贫困人口的获益可能比贫困人口的获益更多，甚至出现低收入者反过来补贴高收入者，即出现"扶富不扶贫"现象。这主要是财政扶贫制度设计不当或者执行不到位造成的。比如，贫困识别的时候，精准度不高，导致贫困户漏出、非贫困户渗入，让非贫困户享受了财政扶贫待遇。此外，像易地搬迁、产业扶贫、金融信贷扶贫等许多财政扶贫政策的设计是有进入门槛的。贫困人口要享受这些扶贫待遇，就必须跨域配套资金、能力素质、信用等级等限制性门槛，才能享受到相关政策优惠。高收入者跨越门槛的能力一般远高于低收入者，"门槛效应"的存在往往导致财政扶贫出现收入分配的逆向调节。

三、财政扶贫收入分配效应的构成

在精准扶贫开展得热火朝天的当下，财政扶贫在居民收入分配调节中到底是发挥了正向效应，还是发挥了逆向效应，这既取决于扶贫对象自身的禀赋特征，更取决于政策设计。本书正是希望通过相关实证分析，甄别现状，发现问题，并提供相关论据。那我们应该如何来对财政扶贫收入分配效应进行判别呢？本书基于前面的理论分析，提出了如下构想。

首先，从财政扶贫收入增长效应进行判别。收入差距是对收入水平的比较，收入增长结果的相对反映。所以，在进行收入差距调节效应判别之前，应该先进行收入增长效应的分析。财政扶贫收入增长效应就是财政扶贫对贫困人口收入增长带来的影响大小。如果财政扶贫没有带来居民收入增加，甚至导致居民收入下降（当然了，不可能出现这样的情况），或者对高收入者的收入增长效应更大，那么居民收入差距必然是扩大的，财政扶贫发挥的就是逆向调节效应了。相应地，也就不需要去进一步评价财政扶贫收入差距调节效应了，因为结果已经显而易见。财政扶贫调节收入分配的效率肯定也是十分不理想了。因此，收入增长效应是财政扶贫收入分配效应最基础的反映。

其次，从财政扶贫收入差距调节效应进行判别。收入差距调节历来被视为收入分配效应的基本内容与核心内容。尤其是，在中国居民收入差距逐步扩大的当下，对财政扶贫收入差距调节效应进行研究，具有重要的现实意义。财政扶贫极有可能为我们改善收入分配现状提供新路径。财政扶贫收入差距调节效应就是财政扶贫对贫困地区居民收入差距的影响大小。如前所述，财政扶贫收入分配效应具有双向性。要识别财政扶贫对收入差距是正向调节还是逆向调节，单纯分析财政扶贫收入增长效应是判断不了的。即使财政扶贫能够带来居民收入较快增长，也无法得出对居民收入差距的影响，还必须进一步分析评价财政扶贫的收入差距调节效应。财政扶贫收入差距调节效应是收入增长效应的深入拓展。

再次，从财政扶贫的减贫效应进行判别。传统的收入分配效应主要是讨论收入增长效应和收入差距调节效应。但是，具体到财政扶贫的收入分配效应范畴，有必要进行扩展，以体现针对性，体现具体问题具体分析方法论。在实践中，对于贫困我们是有标准尺度的。从收入分配来计，年人均收入

2300 元就是一条刻度线，即当前的贫困线。因此，我们仅仅分析收入增长效应、收入差距调节效应还不够，还应该与贫困线结合起来。收入增长到贫困线之上，才是我们期待和追求的收入增长效应。相应地，在贫困线之上的收入差距得以缩小，才是理想的收入差距调节效应。因此，我们财政扶贫的减贫效果应该成为收入分配效应的内涵之一。从财政扶贫的收入增长效应，到收入差距调节效应，再到财政扶贫的减贫效应，前者为后者提供基础，各有侧重，又相互补充，逐层递进，三位一体，构成了系统的财政扶贫收入分配效应的判别体系。

最后，需要说明的是，我们在对财政扶贫收入分配效应进行判定之后，还应该从管理学的角度对其收入分配绩效作进一步研究。财政扶贫作为一项制度安排、一项工作任务、一项战略措施，还必须关注其绩效水平。结果导向是绩效管理的基本哲学。财政具有收入再分配职能，而财政扶贫调节收入分配则是对这一职能的具体履行，那么到底履行得如何呢，这就是一个效率评价问题了。另外，收入增长效应和收入差距调节效应，都只能对财政扶贫收入分配效应进行高低、正负数量层面的判断，而无法对调节收入分配行为进行效率评价，回答不了这个效应是不是已经达到了最佳水平。财政扶贫调节收入分配的效率评价则在效应识别的基础上进行深入拓展，可以帮助我们发现财政扶贫收入分配效应的改进方向。

第二章　我国贫困地区农村居民的收入分配现状分析

中国政府大规模推动农村反贫困行动已经持续三十多年了。自党的十八大以来，习近平总书记多次指出，消除贫困、改善民生、逐步实现共同富裕，是社会主义的本质要求，是我们党的重要使命。从 2013 年开始，针对脱贫攻坚的新问题，我国农村全面推行精准扶贫、精准脱贫方略，以"啃硬骨头""攻坚拔寨"的勇气和魄力，按照"六个精准"基本要求和"五个一批"脱贫路径，朝着"决不能落下一个贫困地区、一个贫困群众"目标奋勇前进。当前，我国的脱贫攻坚战已经取得了"决定性进展"，贫困人口减少6800多万，易地扶贫搬迁830万人，贫困发生率由10.2%下降到3.1%。这样举世瞩目的成就，在世界范围内绝无仅有。在为取得的既定成绩欢欣鼓舞的同时，本章将立足于对我国农村贫困和农村居民收入现状的描绘，重点分析贫困地区农村贫困居民的收入现状，以期为改善财政扶贫收入分配效应奠定现实基础。

第一节　我国农村贫困现状

2011 年，我国开始实施《中国农村扶贫开发纲要（2011～2020 年）》，按照"两不愁，三保障"的扶贫开发工作目标，将国家农村扶贫标准大幅提高到2300 元（2010 年不变价）。自此以后，扶贫开发工作进入巩固温饱成果、加快脱贫致富、改善生态环境、提高发展能力、缩小发展差距的新阶段，从解决基本的生存和温饱问题转向解决可持续的发展问题。本节将从全国层面、贫困地区层面和连片特困地区层面对当前我国农村贫困现状进行多角度透视。

一、农村贫困人口规模与分布

(一) 贫困规模与贫困发生率

表 2 - 1 报告了 2010 ~ 2016 年全国农村贫困人口和贫困发生率。根据现行国家农村贫困标准测算，2016 年全国农村贫困人口为 4335 万人，贫困发生率为 4.5%。与 2015 年相比，贫困人口减少了 1240 万人，贫困发生率下降了 1.2 个百分点。6 年来，我国农村贫困人口规模连续大幅缩减，贫困发生率逐年下降（见图 2 - 1）。其中，贫困人口共减少了 12200 万人，年均减少贫困人口 2039 万人；贫困发生率下降了 12.7 个百分点，年均下降了 2.1 个百分点。

表 2 - 1　　　　　　　　　　2010 ~ 2016 年全国农村贫困规模

年份	贫困人口（万人）	贫困发生率（%）
2010	16567	17.2
2011	12238	12.7
2012	9899	10.2
2013	8249	8.5
2014	7017	7.2
2015	5575	5.7
2016	4335	4.5

资料来源：根据相关年份的《中国农村贫困监测报告》计算整理得到。

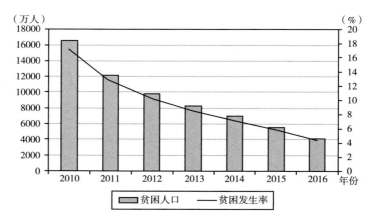

图 2 - 1　2010 ~ 2016 年全国农村贫困规模与贫困发生率
资料来源：根据表 2 - 1 的数据绘制得到。

（二）贫困人口的地区分布

我国东部地区有 11 个省（直辖市），中部地区有 8 个省，西部地区有 12 个省（自治区、直辖市）①。从地区分布来看，2016 年超过一半的农村贫困人口集中分布在西部地区，如图 2－2 所示。《中国农村贫困监测报告（2017）》显示，2016 年东部地区农村贫困人口为 490 万人，农村贫困发生率为 1.4%，贫困人口占全国农村贫困人口的比重为 11.3%。中部地区农村贫困人口为 1594 万人，农村贫困发生率为 4.9%，贫困人口占全国农村贫困人口的比重为 36.8%。西部地区农村贫困人口为 2251 万人，农村贫困发生率为 7.8%，贫困人口占全国农村贫困人口的比重为 51.9%。

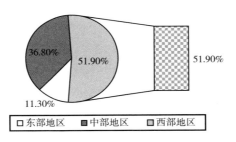

图 2－2　全国农村贫困人口的地区分布
资料来源：根据《中国农村贫困监测报告（2017）》提供的相关数据整理、绘制得到。

表 2－2、图 2－3 进一步反映了 2016 年全国 4335 万农村贫困人口的地区分布情况，可以看出，不同省份的贫困人口规模、贫困发生率差异十分明显，区域的不均衡表现突出。从贫困人口规模来看，农村贫困人口大省主要分布在西部地区的贵州、云南、广西、四川和中部的河南、湖南。其中，贵州农村贫困人口最多，超过了 400 万人，也是唯一超过 400 万贫困人口的省份。云南贫困人口为 373 万人、河南贫困人口为 371 万人，分别排第二和第三。贫困人口最少的省份为东部地区的福建，仅有 23 万人。从贫困发生率来看，2016 年西藏的农村贫困发生率为 13.2%，在全国排第一；其次是新疆，农村贫困发生率为 12.8%；第三则是甘肃，农村贫困发生率为 12.6%。农村贫困发生率超过 10% 的还有贵州和云南，分别为 11.6%、10.1%。而福建、山东

---

①　东部地区包括北京、天津、河北、辽宁、上海、江苏、浙江、福建、山东、广东、海南 11 个省份；中部地区包括山西、吉林、黑龙江、安徽、江西、河南、湖北、湖南 8 个省份；西部地区包括内蒙古、广西、重庆、四川、贵州、云南、西藏、陕西、甘肃、青海、宁夏、新疆 12 个省份。

的农村贫困发生率相对较低，仅为 0.8% 和 1.9% 。这进一步说明了，我国西部地区农村贫困程度深、贫困规模大，是精准扶贫、精准脱贫的主要战场。

表 2 - 2   2016 年全国农村贫困人口的地区分布

地区	贫困人口（万人）	贫困发生率（%）
全国	4335	4.5
河北	188	3.3
山西	186	7.7
内蒙古	53	3.9
辽宁	59	2.6
吉林	57	3.8
黑龙江	69	3.7
安徽	237	4.4
福建	23	0.8
江西	155	4.3
山东	140	1.9
河南	371	4.6
湖北	176	4.3
湖南	343	6
广西	341	7.9
海南	32	5.5
重庆	45	2
四川	306	4.4
贵州	402	11.6
云南	373	10.1
西藏	34	13.2
陕西	226	8.4
甘肃	262	12.6
青海	31	8.1
宁夏	30	7.1
新疆	147	12.8

注：由于北京、天津、上海、江苏、浙江、广东的贫困人口数值太小，统计上不显著，未予列出，导致表中全国数值大于各分省之和。

资料来源：根据《中国农村贫困监测报告（2017）》计算整理得到。

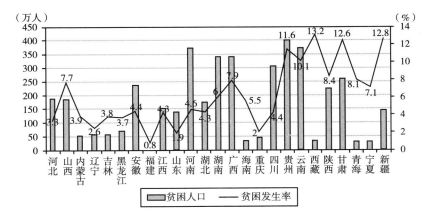

图 2 – 3　2016 年全国各省（自治区、直辖市）农村贫困人口与贫困发生率
资料来源：根据表 2 – 2 的数据绘制得到。

二、贫困地区农村贫困规模与分布

我国贫困地区包括集中连片特困地区和片区外的国家扶贫开发工作重点县，覆盖全国 22 个省（自治区、直辖市），共有 832 个县，11775 个乡镇。其中，集中连片特困地区覆盖 680 个县，国家扶贫开发工作重点县共计 592个，集中连片特困地区包含有 440 个国家扶贫开发工作重点县。

（一）贫困地区农村贫困规模

表 2 – 3 揭示了 2012～2016 年我国贫困地区农村贫困人口与贫困发生率。根据全国农村贫困监测调查，按照现行农村贫困标准测算，2016 年贫困地区农村贫困人口为 2654 万人，贫困发生率为 10.1%。而 2016 年全国农村贫困人口为 4335 万人，贫困发生率为 4.5%。与全国相比，贫困地区农村贫困人口占全国农村贫困人口的 61.2%，贫困发生率则要高出全国农村平均水平5.6 个百分点。

与上年相比，2016 年我国贫困地区农村贫困人口减少了 836 万人，减贫速率达到了 23.9%，贫困发生率则下降了 3.2 个百分点。与 2012 年相比，不管是在贫困人口规模上，还是在贫困发生率上，均实现了持续下降，取得了良好的减贫效果。4 年累计减少贫困人口 3385 万人，年均减少 846 万人，贫困发生率累计下降了 13.1 个百分点。尤其是，在 2016 年，我国贫困地区全面实施脱贫攻坚战略，带动贫困地区减贫速度进一步加快，并超过了全国农村平均水平。从减贫规模来看，2016 年比上年多减少 9 万人；从减贫速度来看，比上年提高 4.7 个百分点，比同期全国农村平均减贫速度快 1.7 个百分点。

表 2 - 3 　　　　　 2012～2016 年贫困地区农村贫困人口与贫困发生率

年份	贫困人口 （万人）	比上年下降人数 （万人）	贫困发生率 （%）	比上年下降 百分比（%）
2012	6039	—	23. 2	—
2013	5070	969	19. 3	3. 9
2014	4317	753	16. 6	2. 7
2015	3490	827	13. 3	3. 3
2016	2654	836	10. 1	3. 2

资料来源：根据相关年份的《中国农村贫困监测报告》计算整理得到。

（二）贫困地区农村贫困人口分布

2016 年全国 22 个省（自治区、直辖市）贫困地区农村贫困人口及贫困发生率如表 2 - 4、图 2 - 4 所示。从贫困人口规模来看，2016 年贫困地区农村贫困人口超过 300 万人的省份有 2 个，包括云南 352 万人、贵州 346 万人；在 200 万～300 万人的省份有 3 个，包括甘肃 235 万人、河南 221 万人、湖南 205 万人；在 100 万～200 万人的省份有 7 个，包括安徽 155 万人、四川 150 万人、河北 147 万人、陕西 140 万人、湖北 117 万人、江西 103 万人、广西 100 万人。

表 2 - 4 　　　　　 2016 年各省贫困地区农村贫困人口与贫困发生率

地区	贫困人口（万人）	贫困发生率（%）
河北	147	10. 6
山西	67	11. 9
内蒙古	46	6. 6
吉林	10	9. 0
黑龙江	53	10. 0
安徽	155	7. 9

续表

地区	贫困人口（万人）	贫困发生率（%）
江西	103	8.5
河南	221	7.3
湖北	117	9.6
湖南	205	10.3
广西	100	9.7
海南	9	11.2
重庆	35	4.0
四川	150	9.0
贵州	346	11.9
云南	352	13.7
西藏	34	13.2
陕西	140	10.6
甘肃	235	14.5
青海	31	8.1
宁夏	18	8.7
新疆	80	12.8
合计	2654	10.1

资料来源：根据《中国农村贫困监测报告（2017）》计算整理得到。

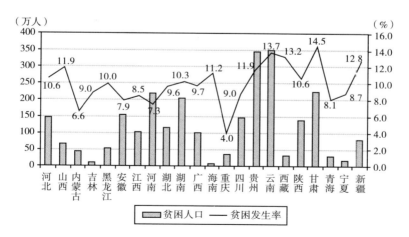

图2-4 2016年各省贫困地区农村贫困人口与贫困发生率

资料来源：根据表2-4数据绘制得到。

从贫困发生率来看，22个省（自治区、直辖市）的贫困地区农村贫困发生率为10.1%，共有甘肃、云南、西藏、新疆、贵州、山西、海南、河北、陕西、湖南10个省（自治区）超过了平均水平。其中，甘肃省的贫困地区农村贫困发生率为最高值，达到了14.5%。内蒙古和重庆的贫困地区农村贫困发生率分别为6.6%、4.0%，不仅远低于平均水平，还低于全国农村贫困发生率。这表明，即使是在我国的贫困地区，农村贫困规模和贫困程度也存在较大的差异性。

三、连片特困地区贫困状况

我国共确立了14个连片特困地区，覆盖全国21个省（自治区、直辖市）的680个县、9623个乡镇。据全国农村贫困监测调查，按现行国家农村贫困标准——以2010年不变价计算的每人每年可支配收入2300元测算，2016年连片特困地区农村贫困人口规模为2182万人，贫困发生率为10.5%，比贫困地区农村贫困发生率高出0.4个百分点，如表2-5、图2-5所示。

表2-5 　　　　　　　2016年连片特困地区贫困人口与贫困发生率

片区	贫困人口（万人）	贫困发生率（%）
全部片区	2182	10.5
六盘山区	215	12.4
秦巴山区	256	9.1
武陵山区	285	9.7
乌蒙山区	272	13.5
滇桂黔石漠化区	312	11.9
滇西边境山区	152	12.2
大兴安岭南麓山区	46	8.7
燕山—太行山区	99	11
吕梁山区	47	13.4
大别山区	252	7.6
罗霄山区	73	7.5
西藏区	34	13.2
四省藏区	68	12.7
南疆三地州	73	12.7

资料来源：根据《中国农村贫困监测报告（2017）》计算整理得到。

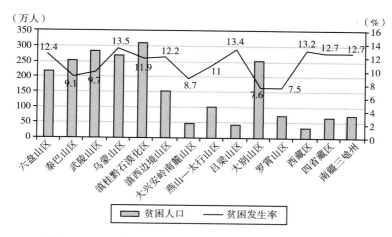

图 2 - 5　2016 年连片特困地区贫困人口与贫困发生率比较
资料来源：根据表 2 - 5 数据绘制得到。

我国农村贫困人口主要聚集在连片特困地区。分片区看，农村贫困人口规模在 300 万人以上的连片特困地区有 1 个，为滇桂黔石漠化区，贫困人口为 312 万人；农村贫困人口规模在 200 万～300 万人的连片特困地区有 5 个，包括武陵山区 285 万人、乌蒙山区 272 万人、秦巴山区 256 万人、大别山区 252 万人、六盘山区 215 万人；贫困人口规模在 100 万～200 万人的连片特困地区有 1 个，为滇西边境山区 152 万人；贫困人口规模在 100 万以下的连片特困地区有 7 个，包括燕山—太行山区 99 万人、罗霄山区 73 万人、南疆三地州 73 万人、四省藏区 68 万人、吕梁山区 47 万人、大兴安岭南麓山区 46 万人、西藏区 34 万人。

从贫困发生率看，连片特困地区全部片区的平均贫困发生率为 10.5%，明显高于其他贫困地区。但是，在 14 个连片特困地区中共有 5 个片区低于这一平均水平，分别为秦巴山区 9.1%、武陵山区 9.7%、大兴安岭南麓山区 8.7%、大别山区 7.6%、罗霄山区 7.5%。尤其值得注意的是，这 5 个连片特困地区的贫困发生率同时还低于全国贫困地区的贫困发生率。其余 9 个片区均高于平均贫困发生率，其中乌蒙山区贫困发生率最高，为 13.5%。可见，连片特困地区内部的贫困程度也是有较大差异的。

从 14 个连片特困地区农村贫困人口的具体分布看，滇桂黔石漠化区农村贫困人口占所有连片特困区贫困人口的 14.3%、武陵山区占 13.1%、乌蒙山区占 12.5%、秦巴山区占 11.7%、大别山区占 11.5%、六盘山区占 9.9%、滇西边境山区占 7.0%、燕山—太行山区占 4.5%、罗霄山区占 3.3%、南疆三地州占 3.3%、四省藏区占 3.1%、吕梁山区占 2.2%、大兴安岭南麓山区占 2.1%、西藏区占 1.6%。滇桂黔石漠化区、武陵山区、乌蒙山区等连片特困地区不仅贫困人口规模大，而且贫困发生率高，是打赢脱贫攻坚战的重中之重。

四、农村贫困的主要特征

（一）贫困规模依然较大，贫困面依然较广

在肯定已经取得的令全世界瞩目的脱贫成果的同时，我们必须清醒地认识到，当前我国的贫困规模依然较大、贫困面依然较广、脱贫攻坚任务依然艰巨的严峻形势没有发生根本性变化。到 2016 年底，全国农村贫困人口还有 4335 万人，贫困发生率为 4.5%，分布在全国 22 个省（自治区、直辖市）。这部分剩余的贫困人口都是扶贫攻坚的"硬骨头"，绝大部分居住在高寒山区，人多地少，土地容量小，居住条件恶劣，基础设施薄弱，扶贫产业支撑力不强，贫困农民自我发展能力较差，农村基础设施建设成本高、实施难、效益低。

（二）贫困人口相对集中与绝对分散并存

我国贫困人口主要集中在 14 个连片特困区。2016 年连片特困区贫困人口为 2182 万人，贫困发生率为 10.5%；贫困地区的贫困人口为 2654 万人，贫困发生率为 10.1%。从规模上看，连片特困区集中了贫困地区 82.2% 的贫困人口，占全国农村贫困人口的 50.3%。贫困人口聚集趋势十分明显。与此同时，不管是全国农村 4.5% 的贫困发生率，还是贫困地区 10.1% 的贫困发生率，抑或是连片特困区 10.5% 的贫困发生率，都反映出贫困人口为当地农村人口中的少数。我们在注意到连片特困区聚集了全国 50% 以上的贫困人口、贫困地区的贫困人口占全国贫困人口 61.2% 的同时，还必须注意到有 38.8% 的贫困人口还分散在贫困地区之外，这类贫困人口主要是插花似地分布在非贫困地区。

（三）地区间的贫困差异明显，同步脱贫难度大

在前面我们分别从全国层面、贫困地区层面和连片特困地区层面对我国贫困现状进行了多维度剖析。通过这些分析，可以发现，即使是在贫困地区

和连片特困地区内部，地区间的贫困规模、贫困发生率都存在较大差异。不仅存在着个别国家级贫困县的贫困发生率低于非贫困县的贫困发生率，而且还存在着个别连片特困地区的贫困发生率低于贫困地区的贫困发生率。贫困人口相对集中与绝对分散，在一定程度上也是地区间贫困差异的具体表现。差异越大，则个性越明显，基于同一模式、同一方式手段实现脱贫的可能性就越小，要在同一时间实现所有贫困人口同步脱贫的挑战就越大。

第二节 我国农村居民的收入现状

无论是在农村贫困地区，还是在农村非贫困地区，贫困居民往往都属于低收入群体，他们的收入水平不仅会低于全国农村居民的平均收入水平，还会低于贫困地区农村居民的平均收入水平。我国农村居民收入是我们了解贫困地区农村居民和农村贫困居民收入水平的重要参照系。为此，本节特地对我国农村居民的收入水平、收入结构变化情况进行简要分析。

一、农村居民的收入水平及构成

表2-6反映的是2013~2016年全国农村居民收入水平及结构。从收入绝对额来看，2016年，我国农村常住居民人均可支配收入达到了12363元，其中工资性收入为5022元，经营净收入为4741元，财产净收入为252元，转移净收入为2328元。2013~2016年，我国农村常住居民人均可支配收入保持了持续增长，总共增长了2932元，并且工资性收入、经营净收入、财产净收入和转移净收入均保持了逐年增长的态势。

表2-6　　　　2013~2016年全国农村常住居民人均可支配收入及构成

指标	收入水平（元/人）				构成（%）			
	2013年	2014年	2015年	2016年	2013年	2014年	2015年	2016年
工资性收入	3653	4152	4600	5022	38.7	39.6	40.3	40.6
经营净收入	3935	4237	4504	4741	41.7	40.4	39.4	38.3
财产净收入	195	222	252	272	2.1	2.1	2.2	2.2
转移净收入	1648	1877	2066	2328	17.5	17.9	18.1	18.8
合计	9431	10488	11422	12363	100.0	100.0	100.0	100.0

资料来源：根据相关年份《中国农村贫困监测报告》计算整理得到。

从收入结构来看，2013～2016年，我国农村居民收入中，工资性收入和转移净收入所占比重逐年上升。其中，工资性收入由2013年的38.7%上升到了40.6%，增长了1.9个百分点；转移净收入从2013年的17.5%上升到了18.8%，增长了1.3个百分点，这显然与精准扶贫方略全面实施、财政扶贫投入持续加大密不可分。相比较而言，财产净收入及其在收入结构中的比重仍然偏小，从2013年到2016年结构占比仅上升了0.1个百分点，增长幅度也不大。值得注意的是，在这4年里，我国农村居民经营净收入水平虽然保持了上升的态势，但在结构中的占比却不断下降，从2013年的41.7%下降到2016年的38.3%，下降了3.4个百分点。与此形成对比的是，从2015年开始，农村居民的工资性收入首次超过了经营净收入，成为农村居民收入的第一来源，对人均可支配收入的持续增长贡献最大。

二、农村居民的收入增长情况

《2017年国民经济和社会发展统计公报》显示，2017年全国居民人均可支配收入达到25974元，比上年增长了9.0%，扣除价格因素之后，实际增长了7.3%。其中，城镇居民人均可支配收入为36396元，名义增速为8.3%，实际增速为6.5%；农村居民人均可支配收入为13432元，名义增速为8.6%，实际增速为7.3%。[①] 农村居民人均可支配收入名义增速与实际增速继2016年同步超过城镇居民之后，再一次领先城镇居民，城乡居民收入差距持续缩小。

通常而言，随着收入绝对额越来越大，收入增速会相应放缓。表2-7、图2-6统计和描绘了2011～2017年全国农村常住居民收入增速变动情况，直观清晰地反映了过去这些年全国农村常住居民收入增长态势。从名义增速来看，2011～2016年，农村居民人均可支配收入名义增速逐年下降，由2011年的17.9%下降到2016年的8.2%，到2017年随着宏观经济形势企稳向好，农村居民人均可支配收入增速开始反弹，上升到8.6%。从变化形态来看，农村居民人均可支配收入实际增速与名义增速变化趋势保持一致。2011～2016年，实际增速同样持续减缓，从2017年开始触底上升，

---

① 数据来源：参见 http：//www.stats.gov.cn/tjsj/zxfb/201802/t20180228_1585631.html，2018年2月28日，2017年国民经济和社会发展统计公报。

由 2016 年的 6.2% 上升到 7.3%，增长了 1.1 个百分点，增长幅度要远大于名义增速。

表 2–7　　　　　2011～2017 年全国农村常住居民收入增长情况

年份	人均可支配收入名义增速（%）	人均可支配收入实际增速（%）
2011	17.9	11.4
2012	13.5	10.7
2013	12.4	9.3
2014	11.2	9.2
2015	8.9	7.5
2016	8.2	6.2
2017	8.6	7.3

资料来源：根据相关年份《中国农村贫困监测报告》计算整理得到。

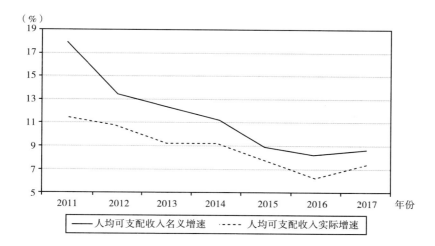

图 2–6　2011～2017 年全国农村常住居民收入增长情况

资料来源：2011～2016 年的数据来源于表 2–7，2017 年的数据来源于《2017 年国民经济和社会发展统计公报》。

2017 年，经过供给侧结构性改革、减税降费、"一带一路"倡议等措施的推动，我国经济结构出现可喜变化，经济发展形势明显好于预期。良好的发展势头带动我国经济在 2018 年迈向了更高质量的发展阶段。得益于宏观经济的拉动，我国农村居民收入水平继续延续了 2017 年的增长态势。

第三节　我国贫困地区农村居民收入现状

目前，我国宏观层面缺少专门针对贫困地区贫困居民的收入统计。根据国家统计局农村贫困监测调研数据，在我国贫困程度最深的连片特困地区，2016 年的贫困发生率为 10.5%。与贫困地区非贫困居民相比，贫困居民仍然属于少数群体。于是，在实践中，通常用贫困地区农村居民的平均收入水平来代表和反映贫困居民的收入水平。为了对贫困地区农村居民收入现状进行全面描述，本节在介绍整体水平的基础上，还特地基于贫困地区分布和贫困县类型对贫困地区农村居民收入水平进行深入分析。

一、贫困地区农村居民收入水平与结构

表 2-8 专门统计了 2014～2016 年我国贫困地区农村居民收入水平与结构的变化情况。从收入绝对额来看，2016 年，我国贫困地区农村居民收入达到了 8451 元，其中工资性收入为 2880 元，经营净收入为 3443 元，财产净收入为 107 元，转移净收入为 2021 元。2014～2016 年，我国贫困地区农村居民收入保持了持续增长，总共增长了 1600 元，并且工资性收入、经营净收入、财产净收入和转移净收入均保持了逐年增长的态势。

表 2-8　　　　2014～2016 年贫困地区农村居民收入水平与结构

指标	2014 年			2015 年			2016 年		
	水平（元）	构成（%）	增长（%）	水平（元）	构成（%）	增长（%）	水平（元）	构成（%）	增长（%）
工资性收入	2240	32.7	16.7	2556	33.4	14.1	2880	34.1	12.7
经营净收入	3033	44.3	8.8	3282	42.9	8.2	3443	40.7	4.9
财产净收入	81	1.2	29.9	93	1.2	15.2	107	1.3	14.3
转移净收入	1497	21.8	14.4	1722	22.5	15.0	2021	23.9	17.4
合计	6851	100.0	12.7	7653	100.0	11.7	8451	100.0	10.4

资料来源：根据相关年份《中国农村贫困监测报告》计算整理得到。

从收入结构来看，2014～2016 年，我国贫困地区农村居民收入中，工资性收入和转移净收入所占比重逐年上升。其中工资性收入由 2014 年的 32.7% 上升到了 34.1%，增长了 1.4 个百分点，转移净收入从 2014 年的 21.8% 上升到了 23.9%，增长了 2.1 个百分点。财产净收入在收入结构中的比重相对较小，增长幅度也较小，从 2014 年到 2016 年，上升了 0.1 个百分点。与全国农村居民的工资性收入从 2015 年起超过经营净收入，成为第一收入来源不同的是，经营净收入仍然是贫困地区农村居民的第一收入来源。不过，在 2014～2016 年，贫困地区农村居民经营净收入虽然保持了逐年上升的态势，但是，它在结构中的占比却不断下降，从 2014 年的 44.3% 下降到 2016 年的 40.7%，下降了 3.4 个百分点。

从收入增速来看，2014～2016 年我国贫困地区农村居民收入增速依次为 12.7%、11.7%、10.4%，均快于同期全国农村居民收入增速，其中，2014 年要快 1.5 个百分点，2015 年要快 2.8 个百分点，2016 年要快 2.2 个百分点，使得贫困地区农村居民收入与全国农村的差距持续缩小。随着贫困地区农村居民收入水平的不断提高，以及经济总体增速的下滑，造成贫困地区农村居民收入增速呈下降态势，由 2014 年的 12.7% 下降为 2016 年的 10.4%，下降了 2.3 个百分点。其中，工资性收入由 16.7% 下降为 12.7%，经营净收入由 8.8% 下降为 4.9%，财产净收入由 29.9% 下降为 14.3%。不过，与其他分项收入增速下滑相反的是，贫困地区农村居民转移净收入始终保持着上升态势，由 14.4% 上升为 17.4%，上升了 3 个百分点，有力地支撑了农村居民总收入的持续增长。

二、东、中、西部贫困地区农村居民收入水平与结构

将我国贫困地区按照东、中、西部分组，分别统计各分组地区农村居民收入水平与结构，如表 2－9 所示。从人均可支配收入总额来看，我国东、中、西部贫困地区农村居民收入均保持了持续增长。与 2014 年相比，东部分组从 6951 元增长至 8423 元，增长了 1472 元；中部分组从 7282 元增长至 8951 元，增长了 1669 元；西部分组从 6561 元增长至 8128 元，增长了 1567 元，中部分组的增量最大，并且中部地区的收入一直高于全国贫困地区的农村居民平均收入水平。东部分组在 2014 年是超过了贫困地区平均水平的，但是在 2015 年、2016 年收入增速慢于平均增速，导致收入水平低于平均水平，

不过，两者差距在不断缩小。

表 2 - 9　　2014～2016 年东、中、西部贫困地区农村居民收入水平与结构　　单位：元

指标名称	2014 年				2015 年				2016 年			
	全国	东部	中部	西部	全国	东部	中部	西部	全国	东部	中部	西部
工资性收入	2240	3184	2365	2052	2556	3669	2675	2352	2880	4174	2999	2656
经营净收入	3033	2329	3025	3117	3282	2449	3249	3398	3443	2573	3386	3579
财产净收入	81	78	85	79	93	98	96	91	107	106	103	109
转移净收入	1497	1324	1807	1313	1722	1395	2094	1516	2021	1570	2463	1784
合计	6851	6915	7282	6561	7653	7611	8114	7357	8451	8423	8951	8128

资料来源：根据相关年份《中国农村贫困监测报告》计算整理得到。

从各分项收入来看，所有分组的分项收入都保持了持续增长，工资性收入、经营净收入和转移净收入为农村居民收入的主要来源，财产净收入比较少。西部分组农村居民工资性收入相对较低，东部和中部分组的工资性收入始终高于贫困地区平均水平，而西部分组则连年低于全国贫困地区平均水平。与此形成对比的是，西部分组的经营净收入持续高于东、中部分组和贫困地区平均水平，这主要是由于西部分组农村居民以从事农业生产为主造成的。在转移净收入方面，中部分组为最高，并始终高于贫困地区平均水平，而东、西部分组的转移净收入相对较低，在 2015 年、2016 年甚至还低于贫困地区平均水平。

三、不同类型贫困县农村居民收入水平与结构

在所有贫困县中，民族地区县、陆地边境县、沙漠化县和较少民族聚集村所在县属于脱贫攻坚难点中的难点。表 2 - 10 分别对分属于这四种类型贫困县的农村居民收入水平进行了统计。可以发现，2014～2016 年，上述各种类型贫困县的农村居民收入均实现了连续增长，但哪一种类型县的收入水平较高，则呈现出动态变化。从各分项收入来看，各类型贫困县都保持了持续增长。其中，经营净收入是各类贫困县农村居民收入的最大来源，其次是工资性收入和转移净收入。财产净收入虽然增长较快，但是额度较少，对收入增长的贡献有限。由于沙漠化县可供耕种土地较少，因此农村居民外出务工的相对较多，使得工资性收入水平明显要高于其他类型的贫困县。相应地，

陆地边境贫困县农村居民的经营性收入则要明显高于其他类型的贫困县。

表 2 - 10　　　2014 ~ 2016 年贫困地区不同类型县分组农村居民收入水平与结构

指标名称	2014 年				2015 年				2016 年			
	民族地区县	陆地边境县	沙漠化县	较少民族聚集村所在县	民族地区县	陆地边境县	沙漠化县	较少民族聚集村所在县	民族地区县	陆地边境县	沙漠化县	较少民族聚集村所在县
工资性收入	1870	1558	2257	1566	2131	1747	2620	1842	2438	1859	2987	2022
经营净收入	3347	3970	3129	3605	3657	4431	3304	3862	3841	4461	3483	4018
财产净收入	75	118	94	99	87	131	103	92	108	116	133	112
转移净收入	1202	1026	1256	1030	1359	1254	1392	1197	1678	1368	1615	1465
合计	6494	6672	6736	6300	7234	7563	7419	6993	8065	7804	8218	7617

资料来源：根据相关年份《中国农村贫困监测报告》计算整理得到。

第四节　连片特困区农村居民收入现状

一、连片特困区农村居民的收入水平

表 2 - 11 反映的是 2014 ~ 2016 年连片特困区农村居民收入水平与结构。2016 年全国 14 个集中连片特困地区农村居民人均可支配收入为 8348 元，比上年增加了 823 元，增速为 10.9%，高于全国农村平均水平。其中，工资性收入为 2846 元，增速为 13.7%；经营净收入为 3429 元，增速为 5.0%；财产净收入为 97 元，增速为 16.2%；转移净收入为 1976 元，增速为 18.0%。转移净收入为各分项收入的最高增速，符合近几年财政扶贫投入力度持续加大的现实。2014 ~ 2016 年，我国连片特困区农村居民收入保持了持续增长，总共增长了 1625 元，并且工资性收入、经营净收入、财产净收入和转移净收入均保持了逐年增长的态势。不过，连片特困地区农村居民的收入增速却是一直呈下降趋势，由 2014 年的 12.9% 下降为 2016 年的 10.9%，下降了 2 个百分点，但仍然高于同期全国农村居民收入增速水平，连片特困地区农村居民收入与全国农村居民的差距得以不断缩小。

表 2 – 11　　　　　2014～2016 年连片特困区农村居民收入水平与结构

指标	2014 年			2015 年			2016 年		
	水平（元）	构成（%）	增速（%）	水平（元）	构成（%）	增速（%）	水平（元）	构成（%）	增速（%）
工资性收入	2188	32.5	16.1	2503	33.3	14.4	2846	34.1	13.7
经营净收入	3019	44.9	10.0	3264	43.4	8.1	3429	41.1	5.0
财产净收入	70	1.0	29.0	84	1.1	19.2	97	1.2	16.2
转移净收入	1446	21.5	13.7	1674	22.2	15.8	1976	23.7	18.0
合计	6723	100.0	12.9	7525	100.0	11.9	8348	100.0	10.9

资料来源：根据相关年份《中国农村贫困监测报告》计算整理得到。

二、连片特困区农村居民的收入结构

如表 2 – 11 所示，2014～2016 年，我国连片特困区农村居民的工资性收入和转移净收入所占比重逐年上升。其中，工资性收入由 2014 年的 32.5% 上升到了 34.1%，增长了 1.6 个百分点；转移净收入从 2014 年的 21.5% 上升到了 23.7%，增长了 2.2 个百分点。财产净收入在收入结构中的比重相对较小，增长幅度也较小，从 2014 年到 2016 年，上升了 0.2 个百分点。经营净收入始终是连片特困地区农村居民收入的第一来源。不过，值得注意的是，过去我国连片特困区农村居民经营净收入水平虽然保持了上升的态势，但在结构中的占比却不断下降，从 2014 年的 44.9% 下降到 2016 年的 41.1%，下降了 3.8 个百分点。

另外，从分项收入增速的变化来看，自 2015 年起，转移净收入就保持了最快增速，并且是唯一保持增速连续增长的分项收入，对于维持连片特困地区农村居民收入增速快于全国农村平均水平起到了重要作用。反观工资性收入、经营净收入和财产净收入的增速则是呈现持续下降的变化。从 2014 年至 2016 年，工资性收入的增速由 16.1% 下降为 13.7%，下降了 2.4 个百分点；经营净收入的增速由 10.0% 下降为 5.0%，下降了 5 个百分点；财产净收入的增速由 29.0% 下降为 16.2%，下降了 2.8 个百分点。经营净收入增速的降幅最大。

第三章　我国财政扶贫实践考察

第一节　我国扶贫政策的演变历程

自 1949 年新中国成立以来，我国政府缓解贫困的努力就一直没有停止过。尤其是自 1978 年以来，随着经济体制改革的深入、国民经济的持续快速增长，开始持续实施规模宏大的扶贫开发政策。在过去 30 多年的扶贫开发实践中，我们的扶贫理念和方式依据现实需要不断进行调整，表现出一定的阶段性和连续性。以中共中央、国务院、全国人大以及国务院扶贫开发领导小组等组织部门研究出台了一系列扶贫政策或包含扶贫政策的文件，与各级地方政府和职能部门下发的配套扶贫政策文件一起，共同筑就了我国扶贫政策体系的演进之路。鉴于财政在政府扶贫中举足轻重的地位，财政扶贫政策理所当然地成为各类扶贫政策中的重心所在。基于扶贫瞄准、政策靶向的变化特征，将我国扶贫政策演变历程细分为如下四个阶段：

一、以区域瞄准为重点的体制改革扶贫阶段（1978～1985 年）

1978 年，根据中国政府确定的贫困标准统计，全国贫困人口为 2.5 亿人，占全国农村总人口的 30.7%。[①] 中共十一届三中全会审议通过的《中共中央关于加快农业发展若干问题的决定（草案）》第一次明确提出中国存在大规模贫困问题，意味着反贫困正式上升到国家意志的高度。在发展过程中，我国政府逐渐认识到，农村经济管理体制的缺陷是造成产业结构不合理、区

---

① 帅传敏：《中国农村扶贫开发模式与效率研究》，人民出版社 2010 年版，第 14 页。

域优势不能充分发挥、减贫缓慢的重要原因。因此，在这一阶段，党和国家将工作重心逐渐转移到经济建设上来，率先在农村地区实行经济体制改革，以"家庭联产承包责任制"土地经营制度改革为主线，赋予农民农业生产自主权，极大地激发了广大农民的劳动积极性，解放了农村生产力，促进了农村经济快速发展，为农村创造了大规模减贫的宏观环境。同时，在农村实施了放宽农产品价格、大力发展乡镇企业等多项经济改革举措。农产品价格上升、农业产业结构向附加值更高的产业转化和农村劳动力在非农领域就业等也直接或间接提高了农民的收入水平。

这个阶段制定的具体的扶贫政策措施主要有：1980 年，由中央财政设立"支援经济不发达地区发展资金"，支持老革命根据地、少数民族地区、边远地区和贫困地区发展。1982 年，将全国最贫困的甘肃定西、河西和宁夏西海固的集中连片地区作为"三西"专项建设列入国家计划，进行了区域性的专项扶持工作。1984 年发布《关于帮助贫困地区尽快改变面貌的通知》，划定了 18 个贫困地带进行重点扶持。主要采取的政策举措，除了继续鼓励贫困地区根据自然资源条件开展多种经营、放开农产品购销、扩大农民经营自主权之外，还提出要对贫困地区采取必要的财政扶持（但不再采取"撒胡椒面"式的平均做法），同时，对于外地资本到贫困地区兴办林场、畜牧场、电站、采矿等开发性企业给予 5 年内免交所得税的政策优惠，并且从 1985 年起视贫困程度减免贫困地区农业税 1～5 年。

在这一阶段，扶贫对象逐渐向重点区域聚焦，政策路径则从过去主要依靠"外部输血"的救济式扶贫，向依托农村体制改革发挥贫困地区自身发展能力转变。不过，相关政策措施仍然呈现出比较明显的区域性和行政指令性色彩。

二、以贫困县瞄准为重点的大规模开发式扶贫阶段（1986～2000 年）

经过前一阶段的努力，到 1986 年，我国农村贫困人口下降为 1.25 亿人，贫困发生率为 14.8%，取得了辉煌成绩。[①] 但是，进入 20 世纪 80 年代中期，由我国农村经济体制改革带来的减贫边际效益不断下降，以往的反贫困战略

---

① 帅传敏：《中国农村扶贫开发模式与效率研究》，人民出版社 2010 年版，第 16 页。

已经很难持续有效地缓解贫困。为此，国务院于 1986 年成立专门的扶贫开发机构，大幅度增加扶贫投入，开始进行有计划、有组织、大规模的农村扶贫开发。为了更好地组织工作，将有限的资源用到最需要的地方，中央政府在 1986 年第一次确定了国定贫困县标准，将 331 个贫困县列入国家重点扶持范围，开始实行扶贫县级瞄准机制。从此，以县为基本单位来分配使用扶贫资源成为中国扶贫开发的重要特点。在贫困县贫困发生率很高的情况下，以县为瞄准对象的扶贫机制是十分有效的，不仅可以集中使用有限的扶贫资源，发挥规模效应，而且还可以较好地降低扶贫的管理成本。

在这一阶段，国家实施的扶贫措施主要包括：减少对沿海省份贫困县的支持，重点关注"老革命根据地"和"少数民族地区"，组织劳务输出，推进开发式移民，改善贫困地区的基础设施；普及初等义务教育和初级预防与医疗保健服务；制定"对口帮扶"和"定点扶贫"政策，发动全社会力量缓解农村绝对贫困；中央政府制定了扶贫工作"四到省"（资金到省、权力到省、任务到省、责任到省）的原则，推行扶贫工作责任制，要求以县为基本单位、以贫困村为基础，把贫困农户作为扶贫工作的主要对象。在 1994 年，中央政府启动《国家八七扶贫攻坚计划（1994～2000 年）》，将贫困县的数量重新确定为 592 个。这是中国历史上第一个有明确目标、对象、措施和期限的扶贫纲领性文件，有力地推动了中国农村扶贫的进程。

三、以贫困村瞄准为重点的综合性扶贫阶段（2001～2010 年）

随着《国家八七扶贫攻坚计划（1994～2000 年）》的深入实施，农村贫困问题得到了极大的改善，国定贫困县贫困人口规模和贫困发生率迅速下降。到 2000 年底，按照中国政府确定的贫困标准统计，全国农村贫困人口为 3200 万人，贫困发生率下降到 3.4%。[1] 我国贫困人口的分布从区域分布逐渐转向点状分布，贫困人口在空间上更加分散。为了避免扶贫资源的渗漏和目标瞄准的偏离，在《中国农村扶贫开发纲要（2001～2010 年）》的指导下，扶贫开发的重点从贫困县转向贫困村，强调群众参与，用参与式方法自下而上地制定和实施扶贫开发规划。

2001 年，中央政府开始实施村级瞄准机制，在全国确定了 14.81 万个贫

---

[1] 帅传敏：《中国农村扶贫开发模式与效率研究》，人民出版社 2010 年版，第 18 页。

困村作为扶贫工作重点，因地制宜实施"整村推进"扶贫开发。对于已经完成和正在实施规划的贫困村，要求按照新农村建设标准，抓巩固促提高，完善后续管理机制；对于还没有启动"整村推进"的贫困村，则要抓紧制定实施整村推进规划。在过去的扶贫措施基础上，进一步提出综合性扶贫措施：加大培训力度，努力提高劳动者素质，力争"十一五"期间每个贫困户至少有一个劳动力接受培训；抓好产业化扶贫，调整农业产业结构，培育增收产业；加强扶贫资金管理，提高资金使用效益等。我国扶贫开发正式进入以村级瞄准为重点的综合性扶贫阶段。

以贫困村作为对象和村级扶贫规划为基础的整村推进，是我国开发式扶贫的一个重要举措。它改变了过去以贫困县为对象的分散的扶贫模式，使贫困村的农户在短期内获得大量投资，迅速改善了生产和生活条件，收入水平也因产业的发展和生产率的提高而增加。

四、以片区攻坚和贫困户瞄准为重点的精准扶贫阶段（2011 年至今）

经过"整村推进"扶贫之后，我国扶贫形势呈现出新变化。正如《中国农村扶贫开发纲要（2011～2020 年）》所强调的，"我国扶贫开发已经从以解决温饱问题为主要任务的阶段转入巩固温饱成果、加快脱贫致富、改善生态环境、提高发展能力、缩小发展差距的新阶段"。从此，我国面临的扶贫工作挑战由过去的发展相对滞后形成的普遍性、绝对性贫困转变为现在的以收入不平等为特点的转型性贫困。我国扶贫开发主战场相应地转入到 14 个集中连片特困地区，进入片区攻坚阶段。关于扶持对象，则确定为"在扶贫标准以下具备劳动能力的农村人口"，意味着扶贫瞄准由过去的县、村转变为户。在扶贫方式方面，除了易地搬迁、劳动力转移之外，继续因地制宜探索整村推进、以工代赈、产业扶贫等方式；进一步优化国家扶贫贴息贷款政策，推动贫困地区金融产品和服务方式创新，完善农村金融服务体系；加大对连片特困地区的财税支持以及基础设施建设、生态环境和民生工程等的投资，努力构建专项扶贫、行业扶贫和社会扶贫有机融合的多样化扶贫模式，为之后的精准扶贫政策体系提供了重要的实践参考。

2013 年 11 月，习近平总书记首次提出"精准扶贫"概念，并先后系统阐述了以"六个精准""五个一批"为核心的精准扶贫思想。"精准扶贫"

尤其注重瞄准靶向，强调对贫困对象进行精确识别、针对性扶持和动态化管理，推动贫困人口通过自我发展能力的增强来增加收入，努力将扶贫资源对准、聚焦，用在真正需要帮扶的人群上，从而进一步提高扶贫效益。按照精准扶贫方略的要求，我国农村扶贫方式由"大水漫灌"向"精准滴灌"转变；扶贫开发模式由依赖"输血救济"向提升自我和区域"造血能力"转变；扶贫考核评价更加注重脱贫成效；扶贫政策围绕"精准"进行了全方位探索。

"精准扶贫"作为新阶段、新形势下因地制宜的一种创新扶贫方式，是党中央和国务院对扶贫开发工作的新要求、新思路，是解决扶贫开发工作中底数不清、目标不明、施策不准、效果不佳等问题的重要途径。综合各项具体扶贫措施，强调的就是在深入分析贫困户致贫原因和探究制约贫困地区发展"瓶颈"的基础上，"因户施策，因人施策"，做到"真扶贫"，包括产业发展、转移就业、易地搬迁、教育扶贫、医疗救助、生态保护、社保兜底扶贫等扶持措施。从这些举措可以看出，在精准扶贫政策体系框架下，扶贫的方式达到了前所未有的多样化，各项政策措施既继承了过去的成功经验，又进行了更为深入、系统的探索。

第二节　我国财政扶贫的现行政策安排

一、中央层面的财政扶贫政策与制度

表3－1梳理了近几年中央支持脱贫攻坚的主要政策文件。在这些文件中，既有规划方案，又有政策措施，围绕精准脱贫目标、实施路径、考核评价、管理考核、帮扶机制等内容进行了系统、全面的规定指引，为扎实做好产业扶贫、教育扶贫、电商扶贫、就业扶贫、金融扶贫、社保扶贫等具体工作提供了有效的方法论。除此之外，对于具体区域而言，中央政府往往还会批复专门的发展规划，支持地方打赢脱贫攻坚战。比如，国务院在2015年2月17日就曾专门批复了广西左右江革命老区振兴规划，将左右江革命老区的建设事业上升为国家战略，为百色、河池打赢扶贫攻坚战注入了强劲动力。

表 3 – 1　　　　　　　近年来中央支持扶贫的主要政策和制度文件

序号	文件名称	发布时间
1	《兴边富民行动规划（2011～2015 年)》	2011 年 6 月 5 日
2	《中国农村扶贫开发纲要（2010～2020 年)》	2011 年 12 月 1 日
3	《关于支持集中连片特困地区区域发展与扶贫攻坚的若干意见》	2012 年 8 月 1 日
4	《关于做好新一轮中央、国家机关和有关单位定点扶贫工作的通知》	2012 年 12 月 8 日
5	《关于创新机制扎实推进农村扶贫开发工作的意见》	2014 年 1 月 24 日
6	《关于全面做好扶贫开发金融服务工作的指导意见》	2014 年 3 月 6 日
7	《创新扶贫开发社会参与机制实施方案》	2014 年 5 月 23 日
8	《全国扶贫开发信息化建设规划》	2014 年 7 月 8 日
9	《国务院关于加快推进残疾人小康进程的意见》	2015 年 1 月 20 日
10	《关于加强雨露计划支持农村贫困家庭新成长劳动力接受职业教育的意见》	2015 年 6 月 2 日
11	《雨露计划职业教育工作指南（试行)》	2015 年 9 月 7 日
12	《中共中央 国务院关于打赢脱贫攻坚战的决定》	2015 年 11 月 29 日
13	《关于加大脱贫攻坚力度支持革命老区开发建设的指导意见》	2016 年 2 月 3 日
14	《省级党委和政府扶贫开发工作成效考核办法》	2016 年 2 月 16 日
15	《国务院关于进一步健全特困人员救助供养制度的意见》	2016 年 2 月 18 日
16	《中华人民共和国国民经济和社会发展第十三个五年规划纲要》	2016 年 3 月 17 日
17	《关于实施光伏发电扶贫工作的意见》	2016 年 3 月 25 日
18	《关于建立贫困退出机制的意见》	2016 年 4 月 29 日
19	《关于做好农村最低生活保障制度与扶贫开发政策有效衔接指导意见的通知》	2016 年 9 月 17 日
20	《贫困地区水电矿产资源开发资产收益扶贫改革试点方案》	2016 年 9 月 30 日
21	《脱贫攻坚责任制实施办法》	2016 年 10 月 11 日
22	《全国"十三五"易地扶贫搬迁规划》	2016 年 10 月 18 日
23	《关于促进电商精准扶贫的指导意见》	2016 年 11 月 4 日
24	《关于切实做好就业扶贫工作的指导意见》	2016 年 12 月 2 日
25	《"十三五"脱贫攻坚规划》	2016 年 12 月 3 日
26	《关于进一步加强东西部扶贫协作工作的指导意见》	2016 年 12 月 7 日
27	《贫困残疾人脱贫攻坚行动计划（2016～2020 年)》	2016 年 12 月 22 日
28	《关于进一步加强医疗救助与城乡居民大病保险有效衔接的通知》	2017 年 1 月 16 日

序号	文件名称	发布时间
29	《中央财政专项扶贫资金管理办法》	2017 年 3 月 13 日
30	《关于做好财政支农资金支持资产收益扶贫工作的通知》	2017 年 5 月 31 日
31	《关于切实做好社会保险扶贫工作的意见》	2017 年 8 月 1 日
32	《关于加强和完善建档立卡贫困户等重点对象农村危房改造若干问题的通知》	2017 年 8 月 28 日
33	《财政专项扶贫资金绩效评价办法》	2017 年 9 月 8 日

资料来源：根据国务院扶贫办网站（http：//www.cpad.gov.cn）相关内容整理得到。

二、地方层面的财政扶贫政策与制度

地方政府为了贯彻落实中央政府的政策目标，必须结合地方具体情况构建相应的政策和制度规范，保障中央战略落地。具体到财政扶贫领域，各个省级政府紧扣中央文件精神，结合各自省情，从政策实施和具体操作层面对精准扶贫方略落地施行进行了细化规定，涵盖了扶贫体制机制创新、基础设施建设、社会力量帮扶、财政资金保障、弱势群体兜底，以及教育培训、金融保险、易地搬迁、产业发展等主要工作措施。这些政策措施囊括了地方精准扶贫、精准脱贫的主要工作措施，涵盖面广，针对性强，为地方精准扶贫事业提供了强有力的制度支撑。

为了反映地方政府关于扶贫政策和制度建设的全貌，本书以广西为例，对广西自 2015 年以来出台的精准扶贫主要政策文件进行了梳理，如表 3－2 所示，总共筛选出 27 份文件、涉及 49 项精准扶贫配套政策，形成了具有广西特色的精准扶贫政策体系。从发布时间来看，2016 年出台的政策文件最为密集，超过了 32 项，力度空前，在广西扶贫攻坚历史上留下了浓墨重彩的一笔。从这些具体文件的内容可以看出，广西在推进精准扶贫与精准脱贫任务中，牢牢把握财政这一利器，在中央和自治区的政策与制度框架下，不断创新财政扶贫专项资金的管理机制，形成了一套系统的涵盖资金分配、使用、管理与评价各个环节的制度规范体系。

表 3 - 2   2015 年以来广西出台的主要扶贫政策和制度文件

序号	文件名称	发布日期
1	《关于支持扶贫生态移民工程的实施意见》	2015 年 4 月 14 日
2	《广西贫困地区劳动力短期技能培训以奖代补实施方案》	2015 年 5 月 22 日
3	《关于进一步落实雨露计划精准补助的通知》	2015 年 10 月 15 日
4	《中共广西壮族自治区委员会关于贯彻落实中央扶贫开发工作重大决策部署坚决打赢"十三五"脱贫攻坚战的决定》	2015 年 12 月 8 日
5	《脱贫攻坚大数据平台建设实施方案》《脱贫攻坚交通基础设施建设实施方案》《脱贫攻坚水利基础设施建设实施方案》《脱贫攻坚农村危房改造实施方案》《脱贫攻坚移民搬迁实施方案》《脱贫攻坚特色种养业培育实施方案》等 16 个实施方案	2016 年 1 月 12 日
6	《广西壮族自治区精准扶贫档案管理办法》	2016 年 1 月 20 日
7	《深入动员社会力量参与脱贫攻坚实施方案》	2016 年 2 月 2 日
8	《精准脱贫摘帽实施方案》	2016 年 2 月 2 日
9	《脱贫攻坚农村"三留守"人员和残疾人关爱工作实施方案》	2016 年 2 月 2 日
10	《"十三五"全区脱贫攻坚财政投入稳定增长机制工作方案》	2016 年 2 月 26 日
11	《关于进一步推进扶贫小额信贷工作的通知》	2016 年 4 月 27 日
12	《广西扶贫创业致富带头人培训工程实施方案》	2016 年 5 月 15 日
13	《关于加快推进屯级道路等四类脱贫攻坚项目建设实施意见的通知》	2016 年 6 月 3 日
14	《关于支持易地扶贫搬迁项目有关税费优惠政策的通知》	2016 年 7 月 7 日
15	《关于加快推进农村低保制度与扶贫开发政策有效衔接的实施意见》	2016 年 7 月 7 日
16	《自治区支持贫困县开展统筹整合使用财政涉农资金试点实施方案》	2016 年 7 月 15 日
17	《广西壮族自治区鼓励易地扶贫搬迁差异化补偿办法》	2016 年 8 月 17 日
18	《关于做好易地扶贫搬迁贷款财政贴息工作的通知》	2016 年 9 月 2 日
19	《广西做好保险助推脱贫攻坚工作实施方案》	2016 年 9 月 26 日
20	《广西边贸扶贫实施方案》	2016 年 10 月 24 日
21	《广西壮族自治区扶贫资金项目公告公示制度实施办法（修订）》	2016 年 12 月 28 日
22	《关于调整完善脱贫攻坚 8 个实施方案有关政策的通知》	2017 年 3 月 21 日
23	《关于进一步调整精准脱贫摘帽标准及认定程序的通知》	2017 年 3 月 22 日
24	《广西壮族自治区建档立卡扶贫对象动态管理办法（试行）》	2017 年 4 月 26 日
25	《关于加强县级扶贫项目库建设的指导意见》	2017 年 4 月 28 日
26	《广西壮族自治区扶贫小额信贷风险补偿资金管理办法》	2017 年 4 月 28 日
27	《广西农村贫困人口大病专项救治实施方案》	2017 年 6 月 30 日

资料来源：根据广西扶贫办网站（http：//www.gxfp.gov.cn/）相关内容整理得到。

第三节 财政扶贫的主要参与路径

"兵马未动，粮草先行"。财政是打赢脱贫攻坚战的基本保障，在反贫困实践中占有重要地位和主导作用。在精准扶贫背景下，各级地方政府围绕"五个一批"精准扶贫措施，依据相关的财政扶贫政策与制度规范，结合地方实际情况，开展了丰富多彩的财政扶贫实践活动。笔者利用地缘优势，深入广西百色、河池等贫困地区进行调研，对广西财政扶贫的主要做法进行归纳总结，以此来对我国基层政府财政扶贫实践做管中一窥。

一、大力推进教育扶贫

"扶贫先扶智"。针对贫困地区人力资源整体素质不高、人力资本缺乏的现状，广西财政从 2016 年秋季学期起，免除建档立卡贫困户家庭适龄儿童在幼儿园的保育费和教育费，实现建档立卡贫困户子女就学 15 年全免费。与此同时，还将"雨露计划"作为教育扶贫的重点项目予以大力推广实施。"雨露计划"作为一项由扶贫部门通过资助、引导农村贫困户初中、高中毕业生和青壮年劳动力接受学历教育和技能培训的扶贫培训计划，对于提高扶贫对象的素质，增强就业创业能力，实现增收脱贫，阻断贫困现象代际传递，促进贫困地区经济发展具有重要作用。目前，广西农村建档立卡贫困户（含尚在 2 年继续扶持期内的 2015 年退出户、2016 年脱贫户）中，接受中、高等职业学历教育、普通高校本科学历教育的学生和参加技能培训的青壮年劳动力均可以得到"雨露计划"的资助。其中，参加普通高校本科学历教育并取得全日制学籍的新生一次性补助 5000 元/生；参加中、高等职业学历教育的学生每学期补助 1500 元/生。短期技能培训中，补助对象是年龄在 16~60 周岁具有劳动能力，并在广西农村建档立卡的人员，每期资助培训经费为 3000 元/人、培训期间每天补助培训误工费 30 元/人。对于从事农业生产经营的建档立卡贫困户劳动力参加农村实用技术培训的，参训农民每天补助 50 元/人。2016 年广西财政共安排 1.7 亿元资金对"雨露计划"贫困家庭学生实行资助，做到了应补尽补。

二、多样化补偿鼓励易地搬迁

广西的贫困地区大多分布于大石山区、少数民族地区、革命老区、边境地区等"贫困洼地"。对于那些地处偏远、山高谷深、自然环境恶劣、地方病高发、"一方水土养不活一方人"的贫困村而言，易地搬迁是贫困户顺利脱贫的现实选择。可是，资金不足常常又成为他们实现易地扶贫搬迁的最大难点。为此，自治区按不同区域确定最低一档补助标准，以鼓励和支持贫困户易地搬迁。《广西易地扶贫搬迁"十三五"规划》中明确规定：滇桂黔石漠化片区县（不含"天窗县"）和国家扶贫开发工作重点县基准补助金额每人不低于2.4万元；滇桂黔石漠化片区"天窗县"、自治区扶贫开发工作重点县和享受待遇县基准补助金额每人不低于1.8万元；其他面上县基准补助金额每人不低于1.35万元。在2016年的实践中，全区分三类确定建房最低补助标准——每人不低于2.4万元、2.1万元、1.9万元，对同步搬迁的非贫困户自治区财政按每人8000元给予建房补助，明显高于《广西易地扶贫搬迁"十三五"规划》中所确立的标准。

另外，为了鼓励易地搬迁的建档立卡贫困户自愿退出宅基地及地上附着建（构）筑物，拆除旧房，复垦还地，自治区国土资源厅还颁布了《广西壮族自治区鼓励易地扶贫搬迁差异化补偿办法》，按自治区征收一般耕地的开垦费标准对自行复垦耕地予以补助。其中，法定宅基地面积内可获得每亩地4万~6万元的补偿，超出部分另行标准进行补偿。该政策的出台，不仅可以进一步减轻贫困户易地搬迁负担，而且还可以引导贫困户树立自力更生意识，主动实现脱贫。

三、加快实施农村基础设施建设

一方面，继续实施村内通硬化路工程，建设便民候车厅，确保超过20户以上的村实现通路；另一方面，大力支持贫困地区小水窖、小水池、小塘坝、小泵站、小水渠等"五小水利"工程建设和大中型灌区节水改造；此外，推进贫困地区病险水库除险加固工程、防洪抗旱减灾工程、水土保持综合治理工程建设，进一步改善贫困地区农业生产用水条件。据广西扶贫网相关报道，2016年广西财政共筹措44.3亿元用于20户以上村（屯）级道路建设，新建成屯级道路 1.1 万公里。安排资金 7.09 亿元实施农村饮水安全巩固提升工程，新增解决 31.09 万贫困人口饮水难问题。另外，还为 997 个贫困村接通了宽带网络。

四、织密织牢兜底保障网

加大财政投入，逐年提高农村低保标准。2015 年广西农村低保标准为每人每年 2028 元，2016 年提高到 2500 元，预计在 2020 年将低保标准提高到贫困线标准。2016 年，在全国率先出台了《关于加快推进农村低保制度与扶贫开发政策有效衔接的实施意见》，纳入低保范围的贫困人口达 151 万人，比年初增加 48 万人。为贯彻落实《脱贫攻坚农村"三留守"人员和残疾人关爱工作实施方案》和《广西农村贫困人口大病专项救治实施方案》提供必要的资金支持，关注留守人员的基本权益和生活，强化对贫困村留守人员的帮扶工作。安排财力重点解决贫困地区学龄前儿童上学问题，努力消除义务教育阶段超额大班的问题，缩小贫困地区与非贫困地区的教育水平差距。

五、积极扶持地方产业发展

早在 2011 年 10 月，广西就正式启动了"十百千"产业化扶贫示范工程项目，建成了一批优质高效的养殖示范基地，作为产业化扶贫示范点以带动全区的扶贫开发工作。至 2014 年，"十百千"项目累计投入专项扶贫资金 38600 万元，覆盖全区 50 个县，除 2014 年新建规模外，完成种植 17.8 万亩，低产改造 10 万亩，家禽养殖 17.7 万羽，肉兔养殖 32.1 万只，竹鼠养殖 4 万只，淡水养殖 4200 箱，项目覆盖 1345 个村，其中贫困村 869 个；扶持农户 12.9 万户，其中贫困农户 8.2 万户。[①] 在 2016 年，自治区又先后出台了《脱贫攻坚特色种养业培育实施方案》《脱贫攻坚农村电商发展实施方案》《脱贫攻坚旅游业发展实施方案》《脱贫攻坚贫困户小额信贷实施方案》《脱贫攻坚增加贫困户资产收益实施方案》等，支持 54 个贫困县每个县培育形成 2～5 个特色优势支柱产业。

---

① 数据来源：张羽，《广西"十百千"产业化扶贫示范工程报告》，载于《中国扶贫》2014 年第 11 期。

产业扶贫是一种具有内生增长能力的扶贫方式，它可以实现扶贫方式由"输血"救济到"造血"自救的根本性转变。民族地区产业扶贫的领域，除了传统的种植业和养殖业外，还包括特色农产品加工业，以及以旅游业为代表的现代服务业。自治区各级政府积极引导贫困地区加大招商引资力度，灵活运用财政、税收工具，出台资金信贷支持和税收优惠政策，通过建立生产基地，提供信息平台，教育和培训农民等措施，发展以合作社、民营企业和国有企业为带动主体的多元产业化扶贫模式，造福广大贫困人口。同时，还创造性地将贫困地区自然资源、公共财产、财政专项扶贫资金对接相应产业形成股权和资本，拓宽贫困户的增收渠道，切实增加贫困户的资产性收入。针对贫困户生产资金缺乏、融资难的现状，广西财政大力规范和推进小额贷款工程，以贫困户为对象，利用信贷解决贫困人员生产资金的困难，由财政对利息进行补贴，推进针对符合规定贫困户的免抵押、免担保小额贷款。

第四节　我国财政扶贫的资金投入

一、财政扶贫资金的规模变化

政府作为一个国家国民财富再分配的中心，其每年财政收入是任何企业或组织无法比拟的。通过强制性收税，政府能够在全国范围内大规模汲取资源。正是这种特有的能力使得政府能够大规模地提供扶贫资金。根据姜爱华（2008）的测算，1998~2004年，中央扶贫资金额占全部扶贫资金额的比重始终处于首位，平均在73.7%[1]，地方政府配套资金的比重介于10%~16%。这样一种扶贫投资来源结构表明，在我国的扶贫资金构成中，政府始终扮演着最主要的角色，更确切地说是中央政府始终扮演着最主要的角色。政府利用财政扶贫的资金数额在全部扶贫资金中占主体地位。

2018年3月5日，国务院总理李克强作政府工作报告时向全国人民交出亮丽的成绩单："五年来，贫困人口减少6800多万人，易地扶贫搬迁830万人，贫困发生率由10.2%下降到3.1%。"这一成绩的取得得益于我国财政扶

---

[1] 姜爱华：《政府开发式扶贫资金绩效研究》，中国财政经济出版社2008年版，第68~69页。

贫资金的大规模投入。2013 年以来，我国仅中央财政就累计投入专项扶贫资金 2846.27 亿元。表 3 - 3、图 3 - 1 反映了 2001 ~ 2017 年中央财政专项扶贫资金的投入规模及增长情况。

表 3 - 3　　　　　**2001 ~ 2017 年中央财政专项扶贫资金的投入情况**

年份	财政专项扶贫资金（亿元）	名义增速（%）
2001	100. 02	—
2002	106. 02	6. 00
2003	114. 02	7. 55
2004	122. 01	7. 01
2005	129. 93	6. 49
2006	137. 01	5. 45
2007	144. 04	5. 13
2008	167. 34	16. 18
2009	197. 30	17. 90
2010	222. 68	12. 86
2011	272. 00	22. 15
2012	332. 05	22. 08
2013	394. 00	18. 66
2014	432. 87	9. 87
2015	467. 50	8. 00
2016	690. 95	47. 80
2017	860. 95	24. 60

资料来源：2001 ~ 2014 年数据根据《中国扶贫开发年鉴 2015》计算整理得到；2015 ~ 2017 年根据相关年份政府工作报告计算整理得到。

自 2001 年以来，我国中央财政专项扶贫资金保持了持续快速增长，资金规模累计达到 4890. 69 亿元，年最高增速为 2016 年的 47. 8%，年最低增速为 2007 年的 5. 13%。其中，2017 年我国中央财政投入的专项扶贫资金为 860. 95 亿元，比上年增长 24. 6%，有力地支持了打赢脱贫攻坚战决策部署的全面实施。

除了中央财政切实把脱贫攻坚作为优先保障重点之外，我国地方财政也在不断加大扶贫资金投入力度，财政扶贫资金规模快速增长。据统计，2015

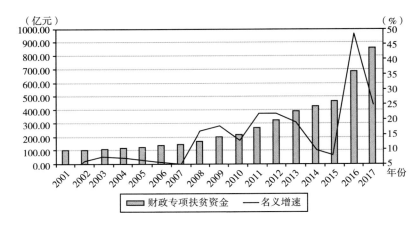

图 3 - 1   2001 ～ 2017 年中央财政专项扶贫资金投入情况
资料来源：根据表 3 - 3 数据绘制得到。

年地方财政安排的专项扶贫资金为 334.5 亿元，当年中央和地方财政专项扶贫资金合计为 802 亿元。① 到了 2017 年中央和地方财政专项扶贫资金规模合计超过了 1400 亿元。其中，有扶贫任务的 28 个省份的省级财政专项扶贫资金达到 540 亿元，与 2015 年相比增长了 61% 以上。尤其是，2017 年贵州、云南、广东、河北、内蒙古、四川、广西等省份的省级财政专项扶贫资金均超过 30 亿元，江西、甘肃、山东等省份超过 20 亿元；内蒙古、河北、浙江、广西、江西、甘肃、西藏等省份省级财政专项扶贫资金增速超过 50%，云南、黑龙江、安徽、四川等省份增长超过 34%，均高于中央财政专项扶贫资金增幅。②

二、财政扶贫资金的重点投向

从扶贫资金来源看，我国扶贫资金除了来自中央和省级财政外，还包括来自社会的扶贫资金和来自国际捐赠、援助的扶贫资金。财政扶贫资金又主要包括中央财政扶贫资金和省级财政扶贫资金，是我国扶贫资金的主要来源。财政扶贫资金主要用于改善扶贫对象的基本生产生活条件，增强其自我发展

---

① 数据来源：根据《中国扶贫开发年鉴 2016》提供的数据计算整理得到。

② 数据来源：参见中央人民政府网的相关报道 http://www.gov.cn/xinwen/2017 - 05/29/content_5197900.htm，2017 年 5 月 29 日。

能力，帮助提高收入水平，从而实现消除农村贫困的目的。

　　从支出范围来看，财政专项扶贫资金的使用方向可分为发展资金、以工代赈资金、少数民族发展资金、"三西"农业建设专项补助资金、国有贫困农场扶贫资金、国有贫困林场扶贫资金、扶贫贷款贴息资金七类。在实践中，财政扶贫资金通过具体项目下达，主要用于支持农业、林业、畜牧业、农产品加工业等产业培育与发展，农村饮用水安全工程、危房改造、易地搬迁、农村沼气等清洁能源建设、卫生院（站）建设及设施等生活条件改善，小型农田水利及农村水电、村通公路、电话、互联网等生产基础设施建设与改善。

　　从投资区域来看，无论是中央财政专项扶贫资金，还是省级财政专项扶贫资金，绝大部分份额均是投到了贫困地区。表3－4统计了2014～2016年我国贫困地区获得的各类扶贫资金规模。2014年、2015年、2016年中央财政投向贫困地区的专项扶贫资金分别为379.0亿元、440.4亿元、627.6亿元，依次占当年中央专项扶贫资金总额的81.07%、63.74%、72.9%。对于地方财政而言，以2015年为例，省级财政投向贫困地区的专项扶贫资金为171.3亿元，占当年省级财政专项扶贫资金334.5亿元的51.2%。① 由此可见，我国财政扶贫资金在重点投向上，做到了聚焦脱贫攻坚重点区域，优先保障贫困地区脱贫需要的投资导向。

表3－4　　　　　　　　2014～2016年贫困地区扶贫资金规模　　　　　　　单位：亿元

资金来源	2014 年	2015 年	2016 年
中央扶贫贴息贷款累计发放额	153.3	290.1	556.7
中央财政专项扶贫资金	379.0	440.4	627.6
中央专项退耕还林还草工作补助	66.7	102.3	107.9
中央拨付的低保资金	263.7	343.9	378.0
省级财政安排的扶贫资金	125.2	171.3	259.7
国际扶贫资金	3.6	2.1	3.2
其他资金	429.5	551.5	1025.4
扶贫资金总额	1421.0	1901.6	2958.6

　　资料来源：根据相关年份《中国农村贫困监测报告》计算整理得到。

---

　　① 由于未能获取到2014年、2016年我省级财政专项扶贫资金的准确金额，在此便以2015年为例，揭示省级财政专项扶贫资金投向贫困地区的比重。

第五节 当前财政扶贫存在的主要问题

诚然，自全面推行精准扶贫、精准脱贫方略以来，我国脱贫攻坚取得了有目共睹、令人欢欣鼓舞的好成绩，在这个过程中，财政做出了不可磨灭的贡献。但是，我们在肯定财政支持脱贫攻坚所取得成绩的同时，也需要结合实践情况对当前财政扶贫存在的问题有一个清醒的认识。

一、对贫困长期性认识不足的苗头显现

我国政府历来高度重视反贫困工作、常抓不懈，自改革开放以来，大规模的扶贫开发行动更是一直未曾停止过。然而，在当下基层的精准扶贫实践中，却反而出现了对贫困长期性认识不足的苗头。在脱贫攻坚进入攻城拔寨冲刺时期，强调贫困问题依然具有长期性，这并不是要与中央唱反调。

其实，贫困是个永恒的问题。贫困现象不可能消失，扶贫永远"在路上"。这首先源于贫困人群在贫困与脱贫之间的波动。从国家和整个区域看，因天灾人祸偶然返贫现象总是会发生的，发现并帮助这些偶然返贫的农户再脱贫是需要时间的，在这个时间段内，就会有贫困人口存在。过了这个时间段，这个帮扶的贫困对象脱贫了，但还有可能又出现另一个返贫人口。这种零星返贫人口数量不多，但会长期存在，不需要回避。按国际惯例来说，只要这种贫困发生率始终低于3%，就可以认定实现了区域性的"整体脱贫目标"。

习近平总书记要求，2020年现有贫困人口实现全部脱贫，并没有否认贫困问题会长期存在。中共中央办公厅、国务院办公厅印发的《关于建立贫困退出机制的意见》中明确规定：原则上贫困县贫困发生率降至2%以下（西部地区降至3%以下）。这恰恰说明了，贫困县退出只是阶段性成果，并不意味着这个县脱贫攻坚的结束，要按照中央确定的脱贫攻坚总体目标，继续做好巩固脱贫和完成农村剩余贫困人口的脱贫任务。

距离2020年全部脱贫的时间节点越来越近，时间紧迫、任务艰巨，大家都在铆足劲，一鼓作气，实现贫困人口全部脱贫摘帽，个别地方甚至脱离实际将脱贫任务的时间不断提前，这是不可取的。越是重任在肩，越是需要头

脑清醒。"萝卜快了不洗泥"。时间上的急功近利，必然导致在扶贫实践中形式主义、短视行为抬头，出现"数字脱贫""表格脱贫"的现象也就不足为怪了。贫困具有长期性，我们出台的各项政策和措施，必须具有可持续性，并经得住历史检验。

二、制度体系建设滞后于扶贫实践

如前所述，近年来，不管是中央还是地方都十分重视财政扶贫的制度体系建设。地方政府、扶贫办、金融相关部门根据中央扶贫文件，结合地区经济社会发展和贫困情况，制定了众多扶贫文件和政策，各市县政府也在创新探索财政精准扶贫制度建设，政府顶层设计全面参与了精准扶贫的各个环节。但是，如果结合精准扶贫与精准脱贫实践进程来看，当前的制度体系建设仍然略显滞后。

2016 年 5 月 10 日上午，国务院新闻办公室举行了《关于建立贫困退出机制的意见》有关情况新闻发布会。国务院扶贫办主任刘永富在回答记者提问时表示，贫困县"摘帽"以后，绝大多数政策都会继续保持一段时间，中央已经在《中共中央国务院关于打赢脱贫攻坚战的决定》中明确，贫困县"摘帽"以后在脱贫攻坚期内原有的扶持政策不变。到 2020 年"摘帽"以后还会有 2%、3% 的贫困人口，扶贫形势将会与当前迥然不同，在扶贫政策保持不变的原则下，如何根据现实需求灵活调整，如何科学处理"变"与"不变"的辩证关系，并通过制度安排落实到各级地方政府的扶贫实践中，可谓是刻不容缓。

三、基于因素法的资金分配方案设计还不够科学

当前地方财政扶贫资金主要是采取因素法进行分配。切块分配的因素由客观因素指标（含政策因素）和绩效因素指标两部分构成。而在绩效因素的评价中，地方政府主要考量的是工作过程指标，尤其是对贫困人口收入分配改善的重视不够。中共中央和国务院确定的"十三五"脱贫攻坚总体目标中提出：贫困地区农民人均可支配收入增长幅度要高于全国平均水平。扶贫资金的分配不仅要激励各个贫困县努力提高农民人均纯收入的增速，而且还要激励它们要努力超过全国的平均水平。因此，现有资金分配方案中，必须针

对贫困人口收入水平和增速的改善做进一步完善。

四、财政扶贫资金支出结构还需要优化

用于扶贫开发的财政资金主要用于农村基础设施建设、农村生产和社会发展、扶贫贷款奖补和贴息以及支持扶贫事业机构等项目，其中农村基础设施建设是这几年精准扶贫的重点投入方向，不少地方在这一领域的投入甚至超过了财政扶贫资金总额的一半。以广西为例，2010～2014年，用于农村基础设施建设的扶贫资金占扶贫资金总额比重的最高值为77.62%，最低值亦达到了56.03%。用于农村基础设施建设的扶贫资金过多，必然会挤占其他扶贫方式的资金，最终影响贫困地区的整体脱贫效果。另外，基于地方财政预算平均支出的比较发现，财政转移扶贫资金在国家级贫困县和自治区级贫困县之间的分配结构也不够合理，与贫困深度和脱贫难度未能完全匹配。

五、财政扶贫考核评价指标设计存在缺陷

为了提高财政扶贫资金的使用效率，地方政府纷纷出台了财政专项扶贫资金绩效考评试行办法，设计了财政专项扶贫资金绩效考评量化指标表。总体来看，考评办法和考评量化指标比较科学规范，对于推动精准扶贫和精准脱贫实践将起到积极的作用。但基于绩效管理理论来看，现有的绩效考核方案仍然存在不足之处。比如，现有绩效考核指标的设计普遍忽略了对贫困户收入水平的考核评价。以广西为例，财政扶贫资金绩效考核指标主要包括本级扶贫投入情况、扶贫资金使用情况、扶贫资金监管管理情况和调整指标4个部分、19个具体计分指标。从权重分配可以看出，这些指标主要是立足于财政部门和扶贫部门的角度设定的，忽略了对贫困户，尤其是对贫困户收入的关注。贫困户脱贫，首先是收入上的脱贫。因此，评价财政扶贫资金投向是否精准，是否实现了"扶真贫""真扶贫"，关键依据应该就是，是否帮助贫困户实现了收入的稳定增长，并且从绝对值上超过了贫困线，从增速上超过了全国农村居民收入增长的平均水平。然而，现有的评价方案中，关于贫困户收入直接相关的指标仅包含2个——贫困县农民人均纯收入增长情况和贫困县农民资产性收入增长情况，权重上各占4分，所有指标的权重基础分为100分。这样的评价显然无法准确、客观衡量财政精准扶贫的精准程度，

绩效评价的导向功能也会被弱化。

六、扶贫项目资金报账流程相对烦琐

　　为了支持贫困县统筹整合使用财政涉农资金，中央提出权力下授，要求"中央统筹、省（自治区、直辖市）负总责、市（地）县抓落实"。为此，各省级政府普遍规定，财政专项扶贫资金拨付实行县级报账制管理，确保财政专项扶贫资金专款专用和资金使用到项目、支出核算到项目。县级报账制无疑是对中央要求的有效回应，但是权力下授的力度还不够。一般情况下，扶贫项目和扶贫资金的管理，涉及省、县、乡、村四级政府。在当前扶贫攻坚任务紧、资金规模大的情况下，县本级及县级以下政府承担的扶贫项目资金报账都要归集到县级政府部门，县级政府部门必须投入大量的人力、物力资源应付具体、繁杂的资金报销事务，资金报销环节将成为制约扶贫资金使用进度的"瓶颈"，不利于提高扶贫资金的使用效率。建议继续加大授权力度，考虑建立乡级报账机制。

七、资金监管措施存在疏漏或执行不到位

　　不管是财政扶贫资金脱贫效率不够高，还是资金漏损严重，归根结底就是源于资金的监管措施存在漏洞或者执行还不到位。各个地方政府确实在财政扶贫资金监管上下了不小的工夫，但在具体监管措施上还存在不够完善和科学的地方。

　　首先，重资金使用过程监管，轻资金使用效率评价。现有的监管措施着眼于堵塞资金使用各个环节的漏洞，强调资金使用各个环节合法、合规，这无疑是有一定道理的。但是，我们不能因此而忽视对资金脱贫效果的管控。没有过程何来结果，但是光有过程达不到结果，也是不可取的。

　　其次，像广西等地方政府对于总投资规模低于 100 万元的项目不再开展财政评审的约定值得商榷。在资金挪用、套取、挤占，甚至贪污形势比较严峻的当前，为了简化财政、审计评审环节，对于低于 100 万元的项目"一刀切"，不用开展财政评审的做法不一定科学。财政审批作为前馈控制的一种，相比较于审计评审这种反馈控制手段，对于减少扶贫资金漏损具有更积极的意义。可以考虑结合过去的评审情况进行差别化处理，对于过去资金漏损越

严重的地区，财政评审应该执行得越严格。

再次，重视资金的分配、下达，但是对于预算的执行监管还不够严。目前，省级财政扶贫资金下达比较及时，一般省财政厅在年底就会提前下达来年的第一批扶贫专项资金。但是，资金预算执行进度仍然不够理想，"年底突击花钱"、项目资金的执行进度滞后于时序进度的现象依然比较普遍。笔者在某地级市财政部门调研时，工作人员如是描述预算执行进度的一般规律：为了完成半年支出进度任务，6 月支出金额通常为 3 月、4 月、5 月平均月支出额的 2 倍左右；11 月支出金额开始增加，到 12 月急剧上升，通常为前 11 个月平均月支出金额的 3~5 倍。提前下达预算，是为了给执行预算预留更多时间，必须要加强对预算执行的监管。

最后，财政扶贫项目和资金信息公开做得还不到位。笔者在开展研究的过程中最苦恼的就是数据的收集。关于各省财政扶贫资金信息要么苦苦搜寻不到，要么不同信源的数据不一致，不知道该采信哪一个。各级政府网站也均未针对财政扶贫资金的来源、投向、使用效果等信息定期发布权威报告。信息公开就是最好的监管手段。把权力置于"阳光之下"，就是对权力最好的约束和监督。

第四章 财政扶贫收入分配效应的实证分析：以广西为例

我们在第一章阐述了财政扶贫调节贫困地区居民收入分配的传导机制和作用机理。相关理论分析充分表明，财政扶贫政策会对贫困地区居民收入分配带来直接的影响，包括收入增长效应和收入差距调节效应。那么，财政扶贫政策对于贫困地区居民的收入增长到底有多大的影响？对居民收入差距的调节是积极效应还是消极效应？要回答这个问题，必须进一步对财政扶贫收入分配效应进行实证分析。然而，目前公开发布的贫困数据多数都只是统计到了全国和省域层面，不管是贫困特征数据，还是贫困居民收入特征数据，均鲜见涉及贫困县域层面的，无法深刻揭示出财政扶贫影响居民收入分配的真实效应。考虑到短时间内获得全国592个贫困县相关数据的难度颇大，也不太现实，本书便考虑遴选贫困地区作为代表，通过实地调研获取相关数据，来为实证分析提供支撑。

全国共有22个省（自治区、直辖市）分布有国家扶贫开发工作重点县，而广西位于西部地区，经济社会发展相对落后，又是少数民族自治区，贫困面相对较广，贫困程度相对较深，是新时代打赢脱贫攻坚主战场。截至2016年底，广西还有100万贫困人口尚未脱贫，贫困发生率为9.7%，贫困规模和贫困发生率恰好在全国拥有贫困地区的22个省（自治区、直辖市）中接近平均水平，其贫困地区又主要分布在少数民族聚集区、石漠化地区，基本涵盖了当前的主要贫困类型与特征，具备了较好的代表性。尤其是，广西近几年持续加大财政扶贫投入力度，狠抓脱贫攻坚工作，在2016年取得了脱贫人口位列全国第一、减贫速度位列全国第二的好成绩，令人瞩目，积累的相关经验和做法引起了广泛关注，具有较好的典型意义。另外，笔者本人长期在广西生活，持续跟踪广西精准扶贫实践，在实地调研方面具有一定便利性。为此，本章便以广西贫困地区为例，分别从财政扶贫资金规模、财政扶贫资金来源、财政扶贫资金支出结构三个视角，对广西财政扶贫资金的收入分配效应进行全面解析，以期为科学认识和评价财政扶贫的收入分配效应提供新的论据。

第一节 广西财政扶贫实践现状

一、广西贫困现状

（一）广西总体贫困概况

由于地理区位、自然环境、市场条件、人力资本、发展机会等因素，广西经济和社会发展水平较低，尤其是与贵州省、云南省相邻的北部、西北部、西部成为连片贫困区。广西的贫困人口主要分布在少数民族聚集区、边境地区、革命老区、大石山区、石漠化地区、水库移民区。由于贫困地区的自然条件差、生存条件恶劣、生态环境脆弱、交通不便、地质灾害严重，基础设施薄弱、经济社会发展水平落后、社会事业发展程度低，再加上贫困人口的自我发展能力弱，使得广西脱贫成本高、任务艰巨，是全国脱贫攻坚的主战场之一。

经过精准识别，截至2015年底，广西尚有452万贫困人口、5000个贫困村、54个贫困县，贫困发生率为10.5%。广西贫困人口总量排在全国第五位，占民族八省区①贫困人口的24.93%，占全国贫困人口的8.11%，如表4-1所示。

从2010年开始，广西的贫困人口逐年减少，由2010年的1012万人，减少到2015年的452万人，脱贫了560万人，脱贫率超过一半；贫困发生率也相应地由24.3%降低到10.5%，贫困发生率下降了13.8个百分点，下降了56.79%，脱贫攻坚工作取得初步新成效。但是，我们在为取得的成绩欢欣鼓舞的同时，必须清醒地看到，广西贫困人口占民族八省区贫困人口的比重不降反升，由2010年的20.08%，上升到了2015年的24.93%，增长了4.85个百分点；占全国贫困人口的比重也呈增长态势，由2010年的6.11%，上升

---

① 民族八省区指内蒙古自治区、广西壮族自治区、新疆维吾尔自治区、西藏自治区和宁夏回族自治区五个民族自治区，以及三个少数民族人口集中的省份——贵州、云南和青海。

到了 2015 年的 8.11%，增长了 2 个百分点。从贫困发生率的比较来看，整体上广西的贫困发生率高于全国水平，但低于民族八省区水平，并且从 2010 年到 2015 年呈现稳步降低态势。比较贫困发生率的差距可以发现，2010～2015 年广西贫困发生率与全国的差距分别是 7.1 个、9.9 个、7.8 个、6.4 个、5.4 个、4.8 个百分点，经历了先扩大后缩小的变化过程；而民族八省区与广西贫困发生率差距则一直快速收窄，从 2010 年高出 9.8 个百分点，下降到 2015 年只高出 1.6 个百分点。这说明在过去的六年时间里，广西的减贫率（即脱贫速度）可能既慢于全国水平，又慢于民族八省区的平均水平。为此，我们进一步对三者间的减贫率进行了比较。如图 4-1 所示。

表 4-1　　　　　　2010～2015 年广西贫困人口与民族八省区及全国对比

项目		2010 年	2011 年	2012 年	2013 年	2014 年	2015 年
贫困标准（元）		2300	2536	2625	2736	2800	2855
贫困人口（万人）	广西	1012	950	755	634	540	452
	民族八省区	5040	3917	3121	2562	2205	1813
	全国	16567	12238	9899	8249	7017	5575
广西贫困人口占八省区的比重（%）		20.08	24.25	24.19	24.75	24.49	24.93
广西贫困人口占全国的比重（%）		6.11	7.76	7.63	7.69	7.70	8.11
贫困发生率（%）	广西	24.3	22.6	18.0	14.9	12.6	10.5
	民族八省区	34.1	26.5	20.8	17.1	14.7	12.1
	全国	17.2	12.7	10.2	8.5	7.2	5.7

资料来源：《中国农村贫困监测报告（2016）》、国家民族事务委员会网。表中的贫困人口和贫困发生率均为截至当年年底的数据。

从图 4-1 可以发现，自 2013 年实施精准扶贫战略以来，广西减贫率与民族八省区和全国的变化态势相近，均为先降再升，但是从 2013 年到 2015 年，广西的减贫率变化不大，由 16.03% 略微增长到 16.3%，而全国的增幅明显，由 16.67% 增长到 20.55%。民族八省区的减贫率在 2014 年为 13.93%，略低于广西的 14.83%，但在 2013 年和 2015 年，均要明显高于广西水平。广西的贫困人口基数较大，减贫速度相对慢一些，导致贫困人口在民族八省区和全国的占比不降反升，这既说明广西脱贫攻坚任务艰巨，也反映出过去的扶贫攻坚效率还需要进一步提高。

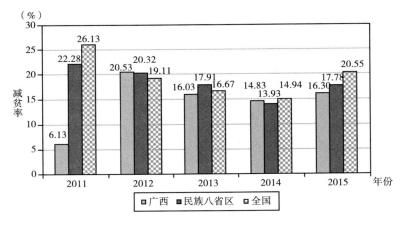

图 4 - 1 2011～2015 年广西减贫率与民族八省区及全国对比

注：减贫率根据公式计算得到：当年减贫率 = （上一年贫困人口 - 当年贫困人口）/上一年贫困人口 × 100%

资料来源：根据表 4 - 1 中的数据进行计算整理得到。

（二）广西各地级市的贫困状况

截至 2015 年广西贫困人口规模为 452. 02 万人，贫困发生率为 10. 5%。各个地级市的贫困人口分布及贫困发生率如表 4 - 2 所示。

表 4 - 2   2015 年广西地级市贫困人口与贫困发生率

地级市	贫困人口（万人）	贫困发生率（%）	地级市	贫困人口（万人）	贫困发生率（%）
南宁	40. 65	7. 73	贵港	29. 63	6. 13
柳州	32. 87	13. 29	玉林	43. 28	7. 51
桂林	28. 36	7. 29	百色	68. 17	19. 98
梧州	24. 31	8. 73	贺州	29. 35	13. 84
北海	4. 38	4. 29	河池	69. 14	19. 06
防城港	3. 43	4. 76	来宾	27. 29	11. 88
钦州	16. 98	4. 69	崇左	34. 19	16. 11

资料来源：根据实地调研获得的数据计算整理得到。

从贫困规模来看，经过实施新一轮的精准扶贫之后，到 2015 年，在 14 个地级市中，贫困人口规模最大的是河池市，贫困人口为 69. 14 万人；其次是百色市，贫困人口为 68.17 万人，这两个市贫困人口占全区的 30.38%，是全区扶贫攻坚的主战场。贫困人口规模最小的地级市是防城港，只有 3.43 万人，为河池市的 5%。首府南宁的贫困人口为 40.65 万人，占全区的 9%，为河池市的 58.79%。从贫困发生率来看，贫困发生率的变化与贫困人口规模的变化基本吻合，其中，有 8 个城市贫困发生率低于全区贫困发生率，分别是：北海、钦州、防城港、贵港、桂林、玉林、南宁、梧州，其余城市的贫困发生率均超过了 10.5%；百色的贫困发生率最高，为 19.98%；其次为河池，也超过了 19%，达到了 19.06%；北海的贫困发生率为 4.29%，为最低值；防城港的贫困发生率为 4.76%，略高于北海；钦州的贫困发生率为 4.69%，也低于 5%。这在一定程度上也反映出自治区这几年大力推进的北部湾经济区建设呈现出了一定的益贫性。

为了更好地呈现出广西各地级市贫困规模的空间分布形态，我们以广西贫困发生率 10.5% 为横轴，以广西 14 个地级市农村贫困人口的简单平均数 32.29 万人为纵轴构造散点图，如图 4-2 所示。

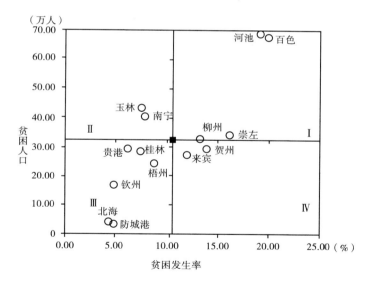

图 4-2　2015 年广西各地级市贫困人口与贫困发生率散点图
资料来源：根据表 4-2 数据绘制得到。

根据图 4-2，将 14 个地级市的扶贫攻坚任务分为四个区间，第 I 区间表示贫困发生率高、贫困人口规模大的区域，包括河池、百色、柳州、崇左，它们的贫困规模超过 10.5%、贫困人口超过 32.29 万人，这个区间的贫困面广、贫困程度深、脱贫攻坚任务最重、难度最大；第Ⅱ区间表示贫困发生率低、贫困人口规模大的区域，包括南宁、玉林，它们的贫困发生率低于全区水平，但贫困人口规模超过了 32.29 万人；第Ⅲ区间表示贫困发生率低、贫困人口规模也低的区域，包括防城港、北海、钦州、梧州、桂林、贵港，它们的贫困程度相对较轻，脱贫难度较低；第Ⅳ区间表示贫困发生率高，但贫困人口规模较小的区域，包括来宾和贺州。为了提高精准扶贫的针对性，扶贫资源的投入应该尽可能与贫困地区分布特征相吻合。

（三）广西贫困县的贫困状况

1. 贫困县的分布

根据国务院扶贫开发小组办公室发布的《国家扶贫开发工作重点县名单》，目前我国贫困县总数为 592 个，西部省份 375 个，民族八省区 232 个。在现有贫困县的 22 个省（自治区、直辖市）中，广西有 28 个县（国定贫困县），数量上从高到低排第 8 位。广西国定贫困县数量占全国的 4.7%，占西部省份的 7.5%，占民族八省区的 12.07%。① 除此之外，广西还有 21 个广西扶贫开发工作重点县（省定贫困县）、1 个享受国家扶贫开发工作重点县待遇县、2 个享受广西扶贫开发工作重点县待遇县、2 个天窗县或深度嵌入县。如果合并计算的话，广西共有 54 个贫困县，名单如表 4-3 所示。

表 4-3　　　　　　　　　广西贫困县类型和地区分布

所属地区	序号	县市区	贫困类型
南宁市	1	邕宁区	省定贫困县
	2	隆安县	国定贫困县
	3	马山县	国定贫困县
	4	上林县	国定贫困县
柳州市	5	融安县	省定贫困县
	6	融水县	国定贫困县
	7	三江县	国定贫困县

---

① 数据来源：根据《国家扶贫开发工作重点县名单》计算得到。

续表

所属地区	序号	县市区	贫困类型
桂林市	8	灌阳县	省定贫困县
	9	资源县	省定贫困县
	10	龙胜县	国定贫困县
梧州市	11	龙圩区	享受省定贫困县待遇
	12	苍梧县	省定贫困县
	13	藤县	省定贫困县
	14	蒙山县	省定贫困县
防城港市	15	上思县	省定贫困县
贵港市	16	桂平市	省定贫困县
玉林市	17	陆川县	省定贫困县
	18	博白县	省定贫困县
	19	兴业县	省定贫困县
百色市	20	右江区	省定贫困县
	21	田阳县	省定贫困县
	22	田东县	国定贫困县
	23	德保县	国定贫困县
	24	靖西市	国定贫困县
	25	那坡县	国定贫困县
	26	凌云县	国定贫困县
	27	乐业县	国定贫困县
	28	田林县	国定贫困县
	29	西林县	国定贫困县
	30	隆林县	国定贫困县
	31	平果县	天窗县或深度嵌入县
贺州市	32	平桂区	享受省定贫困县待遇
	33	八步区	省定贫困县
	34	钟山县	省定贫困县
	35	昭平县	国定贫困县
	36	富川县	国定贫困县

所属地区	序号	县市区	贫困类型
河池市	37	金城江区	省定贫困县
	38	天峨县	省定贫困县
	39	凤山县	国定贫困县
	40	东兰县	国定贫困县
	41	罗城县	国定贫困县
	42	环江县	国定贫困县
	43	巴马县	国定贫困县
	44	都安县	国定贫困县
	45	大化县	国定贫困县
	46	南丹县	天窗县或深度嵌入县
来宾市	47	武宣县	省定贫困县
	48	合山市	享受国定贫困县待遇
	49	忻城县	国定贫困县
	50	金秀县	国定贫困县
崇左市	51	宁明县	省定贫困县
	52	大新县	省定贫困县
	53	龙州县	国定贫困县
	54	天等县	国定贫困县

资料来源：广西扶贫信息网（http：//www.gxfpw.com/zlk/2016/08/4613.html）相关信息整理得到。

单纯从贫困县分布来看，百色市、河池市以及贺州市是贫困最为集中的地区。其中，百色市与贺州市所辖县区全部属于贫困县；河池市除了宜州外，其他县区也都属于贫困县。北海市所辖四个县区以及钦州市所辖四个县区全部属于非贫困县，这应该是得益于近几年北部湾经济区发展战略的实施，带动经济社会快速发展使得这两个地区的贫困人口分布较分散。不过，虽然北海和钦州没有贫困县，但依然存在村级贫困。经济较为发达的防城港市和贵港市，其贫困县数目也较少。防城港市也属于北部湾经济区范畴，贵港市属于珠江—西江经济带重要节点城市，这也说明广西大力推动的"双核驱动"战略具有较好的减贫作用。

从各地区贫困县数目占广西总贫困县数目的比重来看，同样可以反映出，贫困人口集中于河池市和百色市，分别占到全区贫困县总数的18.52% 和22.22%；其次是贺州，达到了9.26%；南宁市、来宾市、崇左市以及梧州市均占到7.41%；而柳州市、桂林市、玉林市占比是5.56%；防城港和贵港市的占比则都仅为1.85%。可见，广西还存在贫困大面积集中与大范围分散并存的现象，县级贫困分布与村级乃至户级（人口）贫困分布状况并不完全重合，这也反映了开展精准识别和精准扶贫的必要性。

2. 贫困规模与贫困发生率

如表4-4所示，2015年广西54个贫困县中，合山市贫困人口规模最小，为11400人；其次为上思县，为16473人；其余县贫困人口均超过了2万人的规模，其中，都安县的贫困人口数最多，为136747人，为合山市的12倍，桂平市的贫困人口规模第二大，为133303人，其余地区的贫困人口均低于13万人。可见，即使同为贫困县，但贫困人口数量依然悬殊。从贫困发生率来看，那坡县的贫困发生率达到了28.06%，为最高值，是全区贫困发生率10.5% 的2.67倍；融水县的贫困发生率为26.62%，排名第二位；八步区的贫困发生率为6.59%，是全区贫困发生率的62.76%，是那坡县的23.49%，为54个贫困县中最低值。在广西的贫困县中，贫困发生率同样相差悬殊，其差异程度由此可见一斑。仅有9个贫困县的贫困发生率低于全区水平，分别是八步区、桂平市、上思县、邕宁区、博白县、龙圩区、苍梧县、藤县、陆川县，占54个贫困县的16.67%，超过八成的贫困县贫困发生率要高于全区水平，反映出广西贫困县的贫困程度普遍较深。从总量来看，54个贫困县总的贫困人口为332.43万人，占全区贫困人口的73.54%。这说明广西的贫困集聚特征仍然没有彻底改观。

表4-4　　　　　　　　2015年广西54个贫困县贫困状况

地级市	县/区	贫困人口（人）	贫困发生率（%）	地级市	县/区	贫困人口（人）	贫困发生率（%）
南宁市	隆安县	71152	18.54	百色市	田林县	54595	22.93
	马山县	94250	20.66		田阳县	50541	16.1
	上林县	81129	19.51		西林县	28911	21.46
	邕宁区	26438	8.4		右江区	26747	11.97

地级市	县/区	贫困人口（人）	贫困发生率（%）	地级市	县/区	贫困人口（人）	贫困发生率（%）
柳州市	融安县	53768	19.2	贺州市	八步区	39566	6.59
	融水县	116364	26.62		富川县	64282	22.56
	三江县	92070	25.07		平桂管理区	59523	13.41
桂林市	灌阳县	40957	16.96		昭平县	69999	17.8
	龙胜县	29415	19.36		钟山县	60132	15.09
	资源县	28172	18.31	河池市	巴马县	60076	22.91
梧州市	苍梧县	37002	9.2		大化县	80780	21.54
	龙圩区	26303	8.61		东兰县	66441	22.54
	蒙山县	25167	12.78		都安县	136747	20.29
	藤县	95137	9.97		凤山县	49389	24.99
防城港市	上思县	16473	8.14		环江县	66647	20.56
贵港市	桂平市	133303	7.83		金城江区	29503	13.88
玉林市	博白县	128201	8.42		罗城县	83235	25.25
	陆川县	85975	10.16		南丹县	35549	14.74
	兴业县	75810	11.7		天峨县	25157	16.36
百色市	德保县	70297	23.21	来宾市	合山市	11400	13.43
	靖西市	125872	20.98		金秀县	32039	23.4
	乐业县	39429	25		武宣县	55467	13.95
	凌云县	48078	25.08		忻城县	80799	20.47
	隆林县	79553	23.25	崇左市	大新县	64961	18.51
	那坡县	53768	28.06		龙州县	50828	21.06
	平果县	51768	14.21		宁明县	71949	17.28
	田东县	52109	14.85		天等县	91073	24.35

资料来源：从实地调研获得的数据计算整理得到。

3. 贫困地区农村居民收入、生活服务与基础设施

广西贫困地区不管是农村居民收入，还是文化卫生教育和基础设施都相对落后，不仅落后于全国农村的平均水平，就是与广西农村的平均

水平相比也存在一定差距。表4-5、表4-6、表4-7、表4-8分别以全国贫困地区为参照对象，对2015年广西贫困地区农村居民可支配收入、住房及生活设施、文化教育卫生公共服务和基础设施的现状进行了比较。从农村居民收入情况来看，广西贫困地区农村居民人均可支配收入为7927元，比全国贫困地区高出274元，原因主要在于广西贫困地区的经营净收入与转移净收入均比全国贫困地区要高。不过，广西贫困地区工资性收入大幅落后于全国贫困地区，幅度达到390元。这反映出，广西贫困地区农村居民的收入来源主要依靠农业经营，同时财政转移支付的贡献也较大。

表 4-5　　　　　**2015 年广西贫困地区农村居民收入情况**　　　单位：元

项目	人均可支配收入	工资性收入	经营净收入	财产净收入	转移净收入
全国农村	11422	4600	4504	252	2066
全国贫困地区	7653	2556	3282	93	1722
广西贫困地区	7927	2166	3776	65	1919
广西农村	9466	2549	4359	116	2442

资料来源：根据《中国农村贫困监测报告（2016）》《广西统计年鉴2016》相关数据整理得到。

表 4-6　　　　　**2015 年广西贫困地区农户住房及生活设施**　　　单位:%

项目	居住竹草土坯房的农户比重	使用照明电的农户比重	使用管道供水的农户比重	使用经过净化处理自来水的农户比重	饮水无困难的农户比重	独用厕所的农户比重	炊用柴草的农户比重
全国贫困地区	5.7	99.8	61.5	36.4	85.3	93.6	54.9
广西贫困地区	1.2	99.9	82.3	37.7	87.3	95.9	63.8

资料来源：根据《中国农村贫困监测报告（2016）》整理得到。

表 4-7　　　　　**2015 年广西贫困地区文化教育卫生设施**　　　单位:%

项目	有卫生站（室）的行政村比重	拥有合法行医证医生/卫生员的行政村比重	有幼儿园或学前班的行政村比重	有小学且就学便利的行政村比重
全国贫困地区	95.2	91.2	56.7	63.6
广西贫困地区	98.4	89.1	71.8	85.3

资料来源：根据《中国农村贫困监测报告（2016）》整理得到。

表 4 - 8　　　　　　　　　　　2015 年广西贫困地区基础设施　　　　　　　　单位: %

项目	通电的自然村比重	通电话的自然村比重	通宽带的自然村比重	主干道路面经过硬化处理的自然村比重	通客运班车的自然村比重
全国贫困地区	99.7	97.6	56.3	73.0	47.8
广西贫困地区	99.9	93.0	38.3	64.0	38.5

资料来源: 根据《中国农村贫困监测报告 (2016)》整理得到。

经过精准扶贫战略的实施, 尤其是易地搬迁扶贫模式的大力推广, 广西贫困地区农村居民的住房条件和生活服务设施得到了极大的改观。如表 4 - 6 所示, 居住竹草土坯房的农户比重下降到 1.2% , 比全国贫困地区要低 4.5 个百分点。除了炊用柴草的农户比重高于全国贫困地区外, 广西贫困地区农户其余各项指标, 比如使用照明电和管道供水、饮水无困难和饮用净化自来水、独用厕所的情况均要高于全国贫困地区。不过, 饮用净化自来水的农户比重仍然比较低, 仅有 37.7% 。

如表 4 - 7 所示, 与全国贫困地区相比, 2015 年广西贫困地区有幼儿园或学前班的行政村比重、有小学且就学便利的行政村比重明显要高于全国贫困地区。有卫生站的行政村比重达到了 98.4% , 略高于全国贫困地区, 但是, 拥有合法行医证医生或卫生员的行政村比重要低于全国贫困地区水平。这应该与广西贫困地区地处偏僻、交通不便、医疗人才匮乏有密切关系。

广西的少数民族大多生活在偏远地区, 山高沟深, 通信、出行等问题突出。目前, 基本上实现了 100% 的自然村通电, 但是, 如表 4 - 8 所示, 自然村电话、宽带、主干道路硬化、客运班车等比重均未达到全国贫困地区平均水平, 差距均在 10 个百分点左右。尤其是, 通宽带网络、通客运班车的自然村比重十分低, 不到 40% 。上网都不便利, 必然会影响到电子商务扶贫等措施的实施效果。

综合前面的分析可以看出, 当前, 广西贫困人口规模大、贫困面广、贫困程度深。从地区分布上看, 则呈现出 "大集中、大分散" 格局。其中, 54 个贫困县集聚了超过 70% 的贫困人口, 而其余贫困人口则散布于 50 多个非贫困县, 尤其是河池、百色、崇左、柳州等地区, 贫困人口多且贫困发生率高, 贫困人口大集中态势明显。广西贫困地区生态环境脆弱、产业发展困难, 除了收入水平偏低之外, 生活和基础设施、教育文化卫生等社会服务水平也明显落后于非贫困地区，贫困呈现多维化态势，贫困形势依然严峻。

二、广西贫困地区农村居民收入分析

农村贫困居民的收入水平往往位于农村居民群体中比较靠后的位置。前面从收入水平、收入差距两个维度对广西农村居民的收入现状进行了多角度描述，为我们了解广西贫困地区居民收入状况提供了一个基点和参照。由于目前缺少系统全面的针对贫困居民收入的统计数据，本书尝试运用贫困地区农村居民收入现状来反映农村贫困居民的收入状况。

（一）贫困地区农村居民收入水平现状

1. 基于县域层面的分析

如表 4 - 9 所示，2013 年，广西全区农村居民人均可支配收入为 6791 元，而在 52 个贫困县中（龙圩区和平桂区还没正式设立），农村居民人均可支配收入的平均值为 6106 元，为全区平均水平的 89.9%。到了 2014 年，广西全区农村居民人均可支配收入上升到 8683 元，增长了 27.9%。在广西 53 个贫困县（龙圩区已经设立）中农村居民人均可支配收入的平均值为 6641 元，环比增长 8.8%，不管是收入水平还是名义增速均远低于全区农村居民的平均水平。2015 年，广西全区农村居民人均可支配收入达到 9467 元，名义增速为 9%。可是，在 54 个贫困县中（平桂区已经设立）农村居民人均可支配收入的名义增速为 7.2%，收入水平为 7122 元。2014 ~ 2015 年，精准扶贫对于贫困地区持续发挥出了收入增长效应，在一定程度上有效地弥补了贫困地区与非贫困地区的农村居民收入差距，但是，由于贫困地区农村居民收入增速始终小于全区平均水平，导致贫困地区农村居民与全区农村居民的人均可支配收入差距不断扩大，农村内部的收入不平等程度在增加，如图 4 - 3 所示。

表4-9　　2013～2015年广西贫困地区农村居民人均可支配收入与全区的比较

项目		贫困地区	全区水平
2013 年	金额（元）	6106	6791
2014 年	金额（元）	6641	8683
	增速（%）	8.8	27.9
2015 年	金额（元）	7122	9467
	增速（%）	7.2	9.0

注：2012 年国家统计局实施了城乡住户调查一体化改革，贫困地区开始使用农村常住居民人均可支配收入。

资料来源：根据相关年份的《广西统计年鉴》计算整理得到。

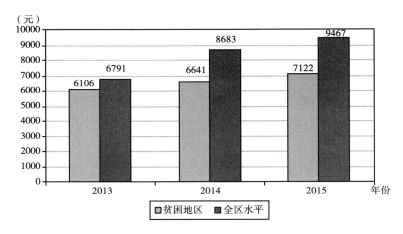

图4-3　广西贫困地区农村居民收入与全区农村居民收入比较

资料来源：根据表4-9数据绘制得到。

　　另外，从贫困县来看，玉林市的陆川县、博白县收入相对较高。2013 年陆川县是所有贫困县中农村居民收入最高的县，为 8180 元，是全区农村居民收入水平的 1.2 倍；而百色市的那坡县收入最低，为 4025 元，是贫困地区平均收入水平的 65.9%，还不到陆川县的一半，仅占全区农村居民收入水平的 59.3%。2014 年，陆川县仍然为贫困县中收入最高的县，达到了 9153 元，环比增长 11.9%。陆川县的增速虽然比全区农村居民收入增速要低，但是依然高出贫困县收入平均增速 3.1 个百分点。农村居民收入最低的贫困县还是那坡县，为 4548 元，占贫困地区平均水平的 68.5%，为全区水平的 52.4%，与全区农村居民收入差距进一步拉大。在 2015 年，最高收入贫困县变成了博白县，为 10092 元，环比增长了 10.5%，超过了全区水平 1.5 个百分点；陆川县的农村居民收入水平在 54 个贫困县中排第二，为 10087 元，略低于博白县，环比增长 10.2%；最低收入贫困县依然是那坡县，为 4962 元，环比增速 9.1%，终于接近全区增速水平。作为贫困地区的陆川县、博白县、那坡县农村居民收入水平增速能够接近甚至超过全区平均水平，这也在一定程度上反映出精准扶贫的收入增长效应开始显现。

2. 基于市域层面的分析

根据各个地级市所辖的贫困县计算各地级市贫困地区农村居民人均可支配收入，结果如表 4－10 所示。图 4－4 进一步反映了 2013～2016 年广西各地级市贫困地区农村居民收入变化趋势。

表 4－10　2013～2015 年广西各地级市贫困地区农村居民收入水平及增速

地级市	2013 年农村居民人均可支配收入（元）	2014 年农村居民人均可支配收入（元）	2015 年农村居民人均可支配收入（元）	年均增长率（%）
南宁市	6302.75	6970.00	7681.50	10.40
柳州市	6034.33	6787.33	7501.00	11.49
桂林市	5804.33	6556.00	7208.67	11.44
梧州市	6936.67	7089.50	7682.50	5.24
防城港市	7090.00	7785.00	8486.00	9.40
贵港市	7828.00	8775.00	9635.00	10.94
玉林市	7894.00	8852.00	9769.67	11.25
百色市	5307.25	6042.33	6668.08	12.09
贺州市	6488.20	7219.75	7889.50	10.27
河池市	4977.40	5485.80	5909.60	8.96
来宾市	6232.75	6829.75	7384.25	8.85
崇左市	6637.50	7259.50	7842.50	8.70
广西区	6791.00	8683.00	9467.00	18.07

资料来源：根据表 4－9 中数据计算得到。

2013～2016 年，玉林市贫困地区农村居民收入水平一直保持最高，分别是 7894 元、8852 元、9769.67 元，年均增长率 11.25%，增速在全区 12 个地级市[①]中排名第四；河池市则一直是最低收入水平的地级市，这三年的收入

---

① 广西共有 14 个地级市，但是，由于广西北海市和钦州市没有贫困县，所以不在统计范围内。

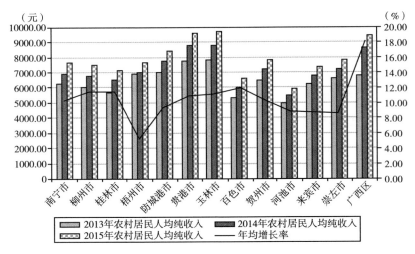

图 4 - 4　2013～2016 年广西各地级市贫困地区农村居民收入变化趋势
资料来源：根据表 4 - 10 数据绘制得到。

水平依次是 4977.4 元、5485.8 元和 5909.6 元，年均增速为 8.96%，在 12 个地级市的增速排名中倒数第四，也位于比较靠后的位置。河池市经济水平相对落后，贫困程度又深，贫困户增收难度较大，因此，不论是收入水平，还是收入增速均落后于其他地区。大部分地级市贫困地区农村居民收入水平均远远低于自治区农村居民平均收入水平。2013 年，梧州市、防城港市、贵港市和玉林市的贫困地区农村居民收入水平超过了自治区农村居民收入水平，而到了 2014 年和 2015 年则减少到仅有贵港市和玉林市两个城市超过了自治区平均水平。

一般而言，收入水平越低的地区，收入增速会越快，然而，从计算结果来看，确保广西贫困地区居民收入稳步增长依然任重道远。图 4 - 4 形象地反映出精准扶贫实施以来，随着大量财政扶贫资金的投入，贫困地区的居民收入水平普遍得到了提高，但是，这种收入增长效应存在较大的差异。贵港、百色、贺州、南宁、柳州等市的收入环比增速明显要高于其他城市，而梧州、河池则增长缓慢。各个地级市的农村居民收入增速大幅低于自治区平均水平，将造成区域间农村居民收入差距进一步恶化。2013～2016 年自治区农村居民收入水平的平均增速为 18.07%，而 12 个地级市均大幅落后于这一速度，最高的百色市也仅有 12.09%，差不多落后 6 个百分点。增速最慢的为梧州市，仅为 5.24%，还不到百色市的一半，落后全区 12.83 个百分点，这也导致梧州市从 2014 年开始贫困地区农村居民收入明显低于全区农村居民收入，并且二者差距还在不断扩大。

（二）贫困地区农村居民收入差距现状

贫困地区收入不平等的加剧会直接导致对穷人健康、教育等的负面冲击，使贫困者更加感受到一种相对剥夺感。通过前面的统计描述可以发现，不管是从县域层面还是从地级市域层面，在精准扶贫的推进中，广西贫困地区农村居民收入水平都得到了普遍的增长，不过，增速因地区差异而不尽相同，并且要低于全区农村居民的收入增速。为了进一步了解精准扶贫以来贫困地区农村居民收入差距的变化情况，本书重点从县域层面和市域层面对广西贫困地区农村居民收入差距进行分析。

1. 贫困地区县域层面的居民收入差距

根据《广西统计年鉴》的数据计算发现，广西农村居民收入水平远低于城镇居民，前者还不到后者的四成，其中 2013～2015 年广西农村居民人均可支配收入与城镇居民可支配收入之比分别是 0.29、0.35、0.36。不过，随着经济社会发展，农村居民与城镇居民的收入差距呈现不断缩小的趋势，但缩小速度越来越慢。进一步对 54 个贫困县这三年的农村居民与城镇居民收入之比进行了计算，以此为依据对广西贫困地区县域层面的居民收入差距进行分析。

计算表明，2013～2016 年，广西贫困地区城乡居民收入差距最大的均是隆林县，农村居民收入与城镇居民收入之比依次为 0.2、0.21、0.22，明显高于自治区城乡居民收入差距，这也验证了经济越落后居民收入差距越大这一普遍规律。而收入差距最小的县则一直是上思县，这一比值分别为 0.44、0.45、0.46，明显小于自治区同期城乡居民收入差距。2013 年，广西共有 21 个贫困县城乡居民收入差距大于全区城乡居民收入差距，主要分布在百色、河池地区。到了 2014 年，大于全区城乡居民收入差距的贫困县则增加到了 42 个，并且 2015 年也是 43 个县。进一步比较这三年期间各个贫困县农村居民与城镇居民收入的比值，发现仅有崇左市的天等县出现了下降，由 0.33 降为 0.28，城乡收入水平出现扩大；河池市的大化县、都安县、罗城县、南丹县，以及来宾市的金秀县、武宣县和崇左市的宁明县均维持了不变；其余贫困县的比值均出现了增长。这说明，精准扶贫过程中大多数贫困县的城乡居民收入差距得到了正向调节，只不过这个调节效应要劣于全区经济发展带来的居民收入差距调节效果。我们必须对精准扶贫背景下，贫困地区居民收入差距的调节问题引起足够的关注。

表4-11对2013～2015年广西贫困县中农村居民人均可支配收入最高值与最低值进行了比较，得出收入最高县与收入最低县的倍数关系。2013～2015年，农村居民人均可支配收入最低的县一直都是那坡县，前两年收入最高的县是陆川县，后一年收入最高的县则是博白县。最高县的农村居民收入水平一直超过了最低县的2倍，在2014年虽然略有下降，但是2015年又恢复到了2013年的差距。这说明，即使同为贫困县，但是县与县之间的农村居民收入差距依然悬殊。这在一定程度上会抵消经济发展对广西居民收入差距的调节效果。

表4-11　　　　　2013～2015年广西贫困县最高与最低农村居民收入比

项目	2013 年	2014 年	2015 年
最高收入（元）	8180.00	9153.00	10092.00
最低收入（元）	4025.00	4548.00	4962.00
高低比（倍数）	2.03	2.01	2.03

资料来源：根据相关年份《广西统计年鉴》相关数据计算整理得到。

2. 贫困地区市域层面的居民收入差距

根据广西54个贫困县的归属，计算得到了各个地级市所辖贫困县的农村居民纯收入平均值，代表这个市贫困地区的农村居民收入水平，按照同样的思路算出了各地级市城镇居民的收入水平，并在此基础上求出了各个地级市贫困地区农村与城镇居民收入之比，如表4-12所示。图4-5则进一步描述了这些地级市城乡居民收入差距的变化趋势。

表4-12　　　　　2013～2015年广西贫困地区农村与城镇居民收入比

地级市	2013 年	2014 年	2015 年
南宁市	0.32	0.33	0.33
柳州市	0.29	0.30	0.31
桂林市	0.26	0.27	0.28
梧州市	0.33	0.34	0.35
防城港市	0.44	0.45	0.46

续表

地级市	2013 年	2014 年	2015 年
贵港市	0.38	0.39	0.40
玉林市	0.38	0.38	0.39
百色市	0.25	0.27	0.27
贺州市	0.31	0.31	0.32
河池市	0.28	0.28	0.29
来宾市	0.28	0.28	0.28
崇左市	0.34	0.34	0.33
广西区	0.29	0.35	0.36

资料来源：根据相关年份《广西统计年鉴》相关数据计算整理得到。

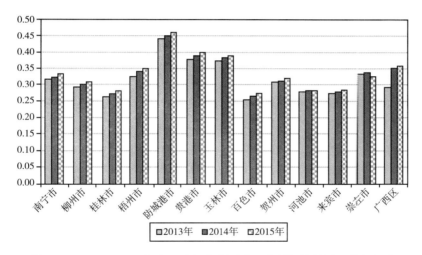

图 4 - 5　2013 ~ 2015 年广西地级市贫困地区农村与城镇居民收入之比
资料来源：根据表 4 - 12 数据绘制得到。

　　表 4 - 12 表明，从地级市来看，12 个地级市的贫困地区城乡居民收入差距比较大，其中农村居民收入普遍只有城镇居民收入的 30% 左右。城乡收入差距最小的是防城港市，不仅小于全区城乡差距，并且还是持续缩小。城乡收入差距最大的则是百色市，2014 年百色市贫困地区农村居民收入差距甚至只有城镇居民收入的 1/4。在 2013 年，南宁、梧州、防城港、贵港、玉林、贺州、崇左 7 个城市的贫困地区城乡居民收入差距要小于广西城乡居民收入差距；而到了 2014 年和 2015 年，则只有防城港、贵港、玉林 3 个城市好于

全区。

从图 4 - 5 可以看出，除了崇左市之外，其余地级市贫困地区农村居民收入与城镇居民收入差距在 2013 ~ 2015 年均呈现出缩小的趋势。不过，收入差距缩小的幅度比较小，并且大多数城市的收入差距要大于广西全区水平。从收入不平等程度来看，崇左市明显要好于来宾、百色、河池、贺州等城市，但是，从变化趋势来看，崇左市则需要特别引起注意，它是 12 个地级市中唯一一个城乡居民收入差距呈现扩大趋势的城市。在 2013 年崇左市贫困地区城乡居民收入差距本来是小于全区水平的，但 2014 ~ 2015 年，城乡居民收入差距却不降反升，收入分配不平等程度反而比全区平均水平更严重。

三、广西财政扶贫实践及成效

（一）财政扶贫的资金投入情况

笔者的研究体会是要全面反映一个地区的扶贫资金真不是一件容易的事情。财政扶贫资金不等于财政涉农资金，但是财政涉农资金中确有一部分是用于扶贫的资金。2016 年 4 月 22 日，为优化财政扶贫资金供给机制，进一步提高资金使用效益，国务院专门印发了《关于支持贫困县开展统筹整合使用财政涉农资金试点的意见》，要求形成"多个渠道引水、一个龙头放水"的扶贫投入新格局，保障贫困县集中资源打赢脱贫攻坚战。当前地方政府包括广西也正在积极地推行统筹整合财政涉农资金，以扩大扶贫资金来源，提高资金脱贫效果。为了彻底、全面弄清楚广西精准扶贫投入的财政扶贫资金，笔者历尽艰辛，通过调研收集筛选出了广西财政厅自 2013 ~ 2016 年下达的各类扶贫资金公文 150 余份，然后以广西的 54 个贫困县为对象，对各类贫困县获得的扶贫资金进行分类统计汇总。

1. 广西财政扶贫资金的总体投入

为了实施精准扶贫、精准脱贫方略，确保 2020 年现有贫困人口全部脱贫"摘帽"目标如期实现，广西近几年不断加大财政扶贫资金的投入力度与投入规模。以贫困县为例，自 2013 ~ 2016 年，广西针对 54 个贫困县投入的财政扶贫资金依次为：19.36 亿元、25.28 亿元、32.01 亿元、64.5 亿元，累计达 141.15 亿元，年均增长率为 49.36%。有 24 个贫困县的财政扶贫资金增速超过了全区平均水平，其中，增速最快的是贺州市的平桂区，达到了

107.98%；增速最慢的是崇左市宁明县，为 14.08%。本书根据 54 个贫困县的行政管辖权，对地级市获得的财政扶贫资金进行了归集，统计结果如表 4－13 所示。

表 4－13　　　　2013～2016 年广西贫困地区财政扶贫资金规模统计表

地级市	2013 年（万元）	2014 年（万元）	2015 年（万元）	2016 年（万元）	小计（万元）	年均增长率（%）	增长率排名
南宁市	11652.18	13492.39	18364.95	60632.27	104141.79	73.29	1
贺州市	11644.64	23882.58	29806.66	57929.70	123263.58	70.71	2
防城港市	1578.28	1788.84	3412.19	7338.07	14117.38	66.90	3
贵港市	3423.50	4434.47	4357.00	12163.73	24378.70	52.59	4
百色市	48801.64	59764.98	77357.52	169289.07	355213.22	51.38	5
柳州市	13500.30	18798.85	17852.07	46510.27	96661.48	51.03	6
玉林市	9161.20	9871.21	10923.00	31377.02	61332.43	50.74	7
梧州市	7491.18	7427.80	8498.76	23955.18	47372.92	47.33	8
河池市	46210.90	58147.90	93316.42	141296.86	338972.07	45.14	9
来宾市	9519.96	11838.49	14684.65	28982.02	65026.01	44.93	10
桂林市	9423.00	14858.90	14385.13	24020.55	62687.58	36.60	11
崇左市	21168.08	28490.27	27156.84	41550.16	118365.35	25.21	12
合计	193574.86	252796.67	320115.19	645045.80	1411532.52	49.36	

资料来源：根据实地调研获得的数据计算整理得到。

从资金规模来看，在 2013～2016 年百色市投入的财政扶贫资金为 355213.22 万元，在 12 个地级市中排行第一；河池市紧随其后为 338972.07 万元；资金投放规模最小的地级市为防城港市，是 14117.38 万元；广西省会南宁获得财政扶贫资金 104141.79 万元。整体来看，资金投放与地级市的贫困规模、贫困深度呈正相关。从资金增速来看，财政扶贫资金年均增速最快的是南宁市，达到了 73.29%；排名第二的是贺州市，为 70.71%；最慢增速是崇左市，为 25.21%。共有 7 个地级市财政扶贫资金的年均增速超过了全区的平均增速 49.36%。

图 4－6 进一步对这 12 个地级市 2013～2016 年财政扶贫资金的变化情况进行了比较。整体来看，历年各个地级市财政扶贫资金变化形态相似，均实现了快速增长，也带来了地级市之间的投入资金差距的不断扩大。从

2013 年开始正式实施精准扶贫，财政扶贫的力度不断加大，尤其是到了
2016 年，广西财政扶贫资金呈井喷式增长。各个地级市获得的财政扶贫资
金差异明显，百色和河池获得的扶贫资金占据了全区的半壁江山，历年均
为地级市中最多的。除 2015 年外，其余年份百色市的扶贫资金都要远高于
河池市。

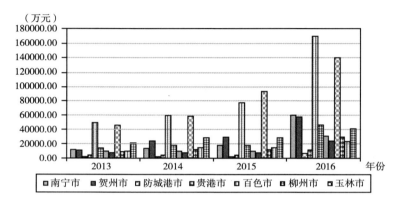

图 4 - 6　2013 ~ 2016 年广西贫困地区财政扶贫资金变化

资料来源：根据表 4 - 13 数据计算整理得到。

2. 广西财政扶贫资金的来源

财政扶贫资金从来源上可分为中央资金和地方资金。为了减轻贫困地区
财政支出压力，中央财政扶贫资金往往占主导地位。具体到广西，自 2013 ~
2016 年共投入财政扶贫资金 1411532.52 万元，其中，中央资金为
1010865.36 万元、占全部资金的 71.61%；自治区财政投入 400667.16 万元、
占全部资金的 28.39%。基于 54 个贫困县统计的各个地级市财政扶贫资金来
源情况如表 4 - 14 所示。

表 4 - 14　2013 ~ 2016 年广西贫困县投入的中央和自治区财政扶贫资金

地级市	中央资金 （万元）	自治区资金 （万元）	小计 （万元）	中央资金占比 （%）	自治区资金 占比（%）
南宁市	77076.08	27065.71	104141.79	74.01	25.99
柳州市	71985.48	24676.00	96661.48	74.47	25.53
桂林市	47747.02	14940.56	62687.58	76.17	23.83
梧州市	31297.90	16075.02	47372.92	66.07	33.93

续表

地级市	中央资金（万元）	自治区资金（万元）	小计（万元）	中央资金占比（%）	自治区资金占比（%）
防城港市	9206.70	4910.68	14117.38	65.22	34.78
贵港市	15237.00	9141.70	24378.70	62.50	37.50
玉林市	38780.30	22552.13	61332.43	63.23	36.77
百色市	263525.47	91687.75	355213.22	74.19	25.81
贺州市	77173.28	46090.30	123263.58	62.61	37.39
河池市	250994.88	87977.19	338972.07	74.05	25.95
来宾市	46938.93	18087.08	65026.01	72.18	27.82
崇左市	80902.32	37463.03	118365.35	68.35	31.65
合计	1010865.36	400667.16	1411532.52	71.61	28.39

资料来源：根据实地调研获得数据计算整理得到。

总体来看，广西的财政扶贫资金也是以中央财政的投入为主体。对于南宁、桂林、柳州等经济发展水平较高的城市自治区财政的扶贫支持力度相对要小。其中，中央财政投入最多的是百色市，四年累计达到了 263525.47 万元；其次是河池市，中央财政资金规模为 250994.88 万元，中央财政占到了这两个地级市扶贫投入的 74% 以上。其实，自治区财政对百色、河池的支持力度也不小，只不过由于它们的扶贫资金规模巨大，导致了自治区财政占比较低。中央财政投入占比最高的地级市为桂林市，达到了 76.17%；其次为柳州市，达到了 74.47%。在广西这两个城市的经济实力相对靠前，自治区财政对其扶贫支持力度相对弱一些。中央财政资金占比最低的是贵港，为 62.50%，比平均占比低 9.11 个百分点，比最高值低 13.67 个百分点。反过来，则说明自治区财政对贵港的支持力度相对较大。

3. 广西财政扶贫资金的支出结构

根据资金的主要使用用途，将广西财政扶贫资金的投向细分为：扶贫发展资金、少数民族发展资金、以工代赈资金、易地搬迁资金以及其他专项扶贫资金。

经统计，2013～2016 年广西累计投入的各类扶贫资金依次为 728966.82 万元、86388.00 万元、115493.00 万元、331518.39 万元和 149166.31 万元。各类型资金的结构占比如图 4－7 所示。发展资金占比最高，达到了 52%，超过了资金总额的一半；其次是易地搬迁资金，占 23%；少数民族资金占 6%；以工代赈资金占 8%。其他资金主要是用于国有贫困林场和农场的扶贫资金、困难群众的生活补助、贫困人口新农保补贴等专项支出。将 54 个贫困县资金支出归集到地级市，结果如表 4 - 15 所示。

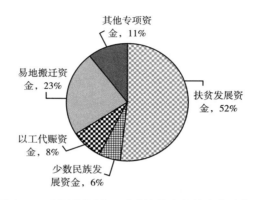

图 4 - 7 广西贫困地区财政扶贫资金的支出结构比

表 4 - 15　　　　　广西贫困地区财政扶贫资金支出结构统计　　　　单位:%

地级市	扶贫发展资金	少数民族发展资金	以工代赈资金	易地搬迁资金	其他专项资金
南宁市	53.87	1.74	8.03	28.34	8.02
柳州市	51.71	3.19	9.25	26.46	9.39
桂林市	48.41	3.68	10.27	22.64	14.99
梧州市	77.80	2.16	1.04	10.89	8.10
防城港市	63.87	3.61	4.84	18.20	9.48
贵港市	85.19	1.28	0.49	3.62	9.42
玉林市	80.00	1.26	4.97	2.97	10.81
百色市	47.25	4.72	10.94	26.84	10.25
贺州市	50.70	1.53	4.42	29.16	14.19
河池市	44.77	11.75	8.29	26.81	8.38
来宾市	60.19	2.65	8.10	20.12	8.94
崇左市	46.97	13.81	8.22	14.00	17.00

资料来源：根据调研获得的数据计算整理得到。

从表 4 - 15 可以看出，12 个地级市的财政扶贫资金支出都是以扶贫发展资金为主要投向，但是在结构上还是存在较大的差距。全区仅有桂林、百色、河池、崇左四个城市的扶贫发展资金占比低于全区 52% 的平均水平，贵港市和玉林市的发展资金占比甚至超过了各自财政扶贫资金总额的 80%。贵港市的扶贫发展资金占比达到了 85.19%，比占比最低的崇左市（46.97%）高出近 40 个百分点、比全区平均水平高出 30 个百分点以上。由于贵港和玉林位于广西的中部，地势相对平坦，居住环境相对要好，因此，这个地方的易地搬迁任务相对较轻。对于其他城市而言，易地搬迁为脱贫攻坚的重要手段，因此，财政投入相对较大，资金占比均在 10% 以上，其中贺州市更是达到了 29.16%。与扶贫发展资金、少数民族发展资金、以工代赈资金和易地搬迁资金主要用于扶贫项目建设，属于投资性支农支出不同，其他专项扶贫支出的项目相对零散，由各个贫困地区根据实际情况来安排，主要是用于贫困人口的生活补贴和补助，用于兜底保障。12 个地级市在这部分的支出占比差异不大，基本上位于 8%～10%。

（二）财政扶贫取得的成效

广西作为贫困人口大省，一直以来都是全国扶贫攻坚的主战场。近年来，广西认真贯彻落实中央决策部署，坚持把扶贫攻坚工作放在突出地位，奋力推进脱贫攻坚事业，决不让一个少数民族、一个地区掉队，取得了可喜成绩。从 2017 年 4 月 18 日广西扶贫办在南宁举行的 2017 年度广西脱贫工作新闻发布会上获悉，2016 年广西实现了 111 万人脱贫，脱贫人口位列全国第一，减贫速度排全国第二位。

表 4－16 反映了 2010～2016 年广西脱贫人口规模、脱贫速度，并与全国同期水平进行了比较。2010 年广西有 1012 万贫困人口，到 2016 年减少到 341 万人，累计脱贫 671 万人，减少了 66.3%，年均脱贫 111.8 万人。同期，全国累计脱贫人口为 12232 万人，年均脱贫 2038.7 万人。广西年均脱贫人口占到全国水平的 5.5%。从脱贫速度来看，2012 年和 2016 年均超过了 20%，其中 2016 年达到 24.56%，为 2010 年以来的最大值。从 2014 年开始，在精准扶贫、精准脱贫方略的助推下，广西农村贫困人口的脱贫速度持续快速上升。

表 4－16　　　　　　　　2010 年以来广西脱贫人口与减贫速度

年份	广西			全国		
	年底贫困人口（万人）	当年脱贫人口（万人）	减贫速度（%）	年底贫困人口（万人）	当年脱贫人口（万人）	减贫速度（%）
2010	1012	—	—	16567	—	—
2011	950	62	6.13	12238	4329	26.13
2012	755	195	20.53	9899	2339	19.11

续表

年份	广西			全国		
	年底贫困人口（万人）	当年脱贫人口（万人）	减贫速度（%）	年底贫困人口（万人）	当年脱贫人口（万人）	减贫速度（%）
2013	634	121	16.03	8249	1650	16.67
2014	540	94	14.83	7017	1232	14.94
2015	452	88	16.30	5575	1442	20.55
2016	341	111	24.56	4335	1240	22.24

资料来源：2010~2015年，来源于《2016年中国农村贫困监测报告》，脱贫人口根据公式"当年脱贫人口＝上一年贫困人口－当年贫困人口"计算得到。2016年广西贫困人口、脱贫人口数据来源于2017年4月18日广西扶贫办在南宁举行的2017年度广西脱贫工作新闻发布会，贫困发生率则是以2015年为参照进行计算得到。2016年全国贫困人口、脱贫人口源于《2016年国民经济和社会发展统计公报》。减贫速度根据公式"减贫速度＝（当年脱贫人口/上一年贫困人口）×100%"计算得到。

图4-8则将2010~2016年广西脱贫速度与全国平均水平进行了比较。2011年，广西的脱贫速度为最低值，仅有6.13%，落后全国水平20个百分点；到2012年快速上升到20.53%；然后经历了先下降后上升的动态变化，其中，转折点发生在2014年；到2016年达到24.56%，高出全国水平2.22个百分点；从2012年开始，广西的脱贫速度与全国的变化趋势基本吻合。脱贫速度从刚开始大幅落后全国水平，到如今遥遥领先于全国水平，这个变化所折射出来的是广西精准扶贫、精准脱贫实践的巨大威力与突出成效。财政作为贫困治理的基础和重要支柱，发挥出了无可替代的关键作用。

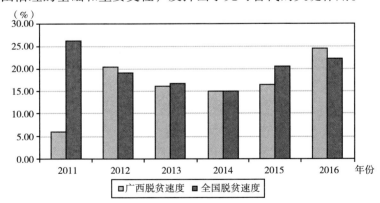

图4-8　2011~2016年广西脱贫速度与全国平均水平的比较
资料来源：根据表4-16数据绘制得到。

第二节　财政扶贫资金的收入分配整体效应分析

一、基于资金规模的收入分配效应模型设定

多维贫困理论通过关注家庭层面的多方面因素，从基本生活标准到教育、洁净用水和卫生保健的获得等层面，把过去单一的收入贫困、阿玛蒂亚·森（1998）提出的能力贫困和福利经济学的权利贫困（World Bank，2001）进行了系统集成，极大地扩展了贫困的内涵，揭示了贫困内涵的发展趋势。贫困不再仅仅是收入水平低下，也不再仅仅是教育、健康和营养状况不好，而且还应该包括脆弱性、无发言权、社会排斥等现象。我国在精准扶贫实践中提出的"两不愁、三保障"①脱贫标准要求从经济、教育、医疗、住房等多维指标来衡量贫困，本质上就是一种多维贫困标准，是对于多维贫困理论的实践探索。

在贫困的认识上，我们不完全局限于经济收入低下的层面，但是，这并不意味着将收入低下排除于贫困的内涵。即使在多维贫困视野下，收入低下仍然应该成为贫困的本质特征，它既是贫困的外在表现，也是贫困的主要成因。正如党的十九大报告提出的，贫困地区居民也同样拥有对美好生活的向往与追求。如何帮助他们实现这一向往和追求，精准扶贫、反能力贫困、反权利贫困是手段，而提高经济收入则是基本保障。如果不能够跨出"收入陷阱"，又何来美好生活？如果把实现贫困居民美好生活作为扶贫的目标的话，那么提高收入水平则是实现目标的根本保障，为目标的实现提供依托，而反贫困则是当下实现目标的核心措施。

在多维贫困视角下，我们依然不能轻视和否认收入贫困的重要性。收入水平不仅仅是贫困识别和脱贫考核的关键指标，也是脱贫效果的重要观测指标。贫困的变化同时受到两种因素的影响，即平均收入水平和收入差距的变化。对于给定的贫困标准，收入水平的普遍增长显然有助于贫困人口数量的

---

① 《中国农村扶贫开发纲要（2011～2020年）》提出，到2020年我国扶贫开发针对扶贫对象的总体目标是："稳定实现扶贫对象不愁吃、不愁穿，保障其义务教育、基本医疗和住房"，简称"两不愁、三保障"。

下降；而收入差距的扩大则对贫困减缓具有相反的效应。[1] 特别是，如果在财政扶贫过程中收入差距扩大且表现为低收入人群收入的降低，那么有可能出现财政扶贫力度加大与贫困程度上升并存的状态。财政扶贫既可能缩小收入差距，也可能扩大差距，而收入差距的恶化则会阻碍财政减贫效应的发挥（Yao et al.，2004）。在当前精准扶贫实践过程中，农村贫困发生率的确在不断下降，但人们依然期望收入分配状态能够得到有效的改善，这样的话，财政扶贫的绩效将会进一步提高。

经济增长是减轻贫困的有力武器，对反贫困有明显的"涓滴效应"。随着经济增长，穷人可以通过获得更多的就业机会等间接方式分享收益，宛如涓涓细流自上而下渗透，从而改善穷人收入分配状况，降低贫困发生率。在我国的扶贫进程中，由经济增长带来农村贫困人口急剧减少的反贫困成效举世瞩目，也有力地佐证了经济增长减贫效应的现实存在。因此，本章将贫困地区经济增长水平作为财政扶贫收入分配效应的主要控制变量。同时，借鉴林建和廖杉杉的研究成果，财政政策、金融政策和财政金融政策联动效应的发挥，对于民族地区贫困状况的缓解具有积极作用，并且民族地区财政政策的实施对民族地区贫困状况的影响高于金融政策[2]，本书还选择控制金融发展情况的影响。其实，纳尔逊的"低水平均衡陷阱"理论、纳克斯的"贫困恶性循环"理论、缪尔达尔的"循环积累因果关系"理论也共同阐明了资本的短缺会造成贫困地区陷入低水平下的恶性循环，必须借助大规模投资的外部刺激，形成低端自我锁定。在现实中，金融扶贫也正成为精准扶贫的重要举措。因此，在模型构建中将贫困地区的金融发展水平设定为控制变量，以便更加突出财政扶贫资金的真实减贫效应。

基于上述分析，结合本书在前面关于财政扶贫收入分配效应的界定，我们最终构建出的面板数据模型如式（4-1）~式（4-3）所示。

$$\text{Income}_{it} = \beta_0 + \beta_1 \cdot \text{Exp}_{it} + \beta_2 \cdot \text{GDP}_{it} + \beta_3 \cdot \text{Finance}_{it} + \mu_{it} \quad (4-1)$$

$$\text{Gap}_{it} = \beta_0 + \beta_1 \cdot \text{Exp}_{it} + \beta_2 \cdot \text{GDP}_{it} + \beta_3 \cdot \text{Finance}_{it} + \mu_{it} \quad (4-2)$$

$$\text{Poverty}_{it} = \beta_0 + \beta_1 \cdot \text{Exp}_{it} + \beta_2 \cdot \text{GDP}_{it} + \beta_3 \cdot \text{Finance}_{it} + \mu_{it} \quad (4-3)$$

---

[1] 林伯强：《中国的政府公共支出与减贫政策》，载于《经济研究》2005 年第 1 期，第 27 ~ 37 页。

[2] 林建、廖杉杉：《民族地区财政金融政策的反贫困效应研究》，载于《中国人口·资源与环境》2014 第 9 期，第 110 ~ 117 页。

式（4－1）中被解释变量 Income 指贫困居民收入水平，式（4－2）中 Gap 指贫困地区居民收入差距，式（4－3）中 Poverty 指贫困地区贫困发生率；Exp 指贫困地区的财政扶贫资金投入规模，为模型的核心解释变量；控制变量 GDP 指贫困地区经济增长，Finance 则代表贫困地区金融发展水平；i 代表的是第 i 个贫困地区，t 代表的是时期，属于面板数据回归模型。各变量的名称、含义及处理方式如表4－17所示。

表4－17　　　　　　　　　模型中的主要变量解释

变量类型	变量名称	变量含义	处理方式	预期符号		
				（4－1）	（4－2）	（4－3）
被解释变量	Income	贫困人口的收入	用贫困地区农村居民年人均可支配收入代表，从《广西统计年鉴》中获得该数据，在实证中取自然对数，以消除异方差	O		
	Gap	贫困地区的收入差距	用贫困地区城乡居民人均收入比代表，通过《广西统计年鉴》中贫困地区的城镇居民人均可支配收入/农村居民人均可支配收入计算得到		O	
	Poverty	贫困发生率	贫困地区贫困人口/农村总人口，在扶贫部门的实地调研中获得			O
核心解释变量	Exp	财政扶贫资金规模	对贫困地区各类用于扶贫的财政资金进行汇总得到，根据在相关财政部门实地调研获得资金下达批文进行分析、整理、计算获得，在实证中取自然对数，以消除异方差	＋	？	－
控制变量	GDP	贫困地区经济增长水平	根据广西统计年鉴，用贫困地区 GDP/常住人口计算得到，在实证中取自然对数，以消除异方差	＋	？	－
	Finance	贫困地区金融发展水平	根据广西统计年鉴，用贫困地区金融机构贷款余额/地区 GDP 计算得到	＋	？	－

注：表格中预期符号栏的"O"表示为被解释变量，无须判断符号；"＋"表示预期符号为正；"－"表示预期符号为负；"？"表示预期符号是正是负无法确定。

式（4-1）研究的是财政扶贫对贫困居民收入增长的影响。凡是不能改善贫困人口收入现状的扶贫政策都是无效的，希望通过该模型解答，财政扶贫是不是有助于贫困人口的收入增长，影响程度有多大，是不是"真扶贫"。式（4-2）研究的是财政扶贫对贫困地区居民收入差距的影响。财政扶贫具有溢出效应，城镇居民和非贫困居民都将从中受益。如果贫困人口的受益远小于城镇居民和非贫困人口，那么即使贫困人口收入得到了改善，也不能够被视为起到了"真脱贫"效果，现有的贫困人口只不过是从绝对贫困状态进入了相对贫困状态而已。因此，该模型主要是通过研究财政扶贫对贫困地区居民收入差距的影响来解答，财政扶贫政策对贫困人口收入增长的影响是否降低了当地居民收入差距，是不是"真脱贫"。式（4-3）研究的则是财政扶贫的减贫效应。财政扶贫有助于提高贫困人口收入，那么这个收入增长效果如何，是否将贫困人口收入提高到了贫困线之上，是否降低了贫困发生率，实现了"脱真贫"。

二、研究样本与数据来源说明

由于目前现有的《中国农村贫困年鉴》《中国农村贫困监测报告》等公开发布的扶贫数据基本上都是省域层面的，对于县域层面的数据获取相对较难，导致目前关于县域层面的财政扶贫研究比较少见。结合数据的可得性，同时，考虑到广西作为西部地区少数民族地区，贫困规模大，是全国反贫困的主要战场，尤其是近几年在精准扶贫、精准脱贫攻坚战中，取得了不错的成绩，并多次受到国家层面表彰，具有典型代表性，因此，本章的实证研究主要以广西贫困地区作为对象，样本为广西的 54 个贫困县，分布在广西的 12 个地级市中。本书重点关注的是精准扶贫背景下财政扶贫的收入分配效应，而精准扶贫的实践始于 2013 年，于是数据期间设定为 2013～2015 年。鉴于梧州市龙圩区设立于 2013 年 6 月、贺州市平桂区设立于 2016 年 7 月，数据不全，再加上南宁市邕宁区金融机构贷款规模数据缺失，在实证研究中予以剔除，最后的有效样本数为剩余的 51 个贫困县，分布于除北海市、钦州市之外的 12 个地级市。

相关数据主要来源于两个方面：一是历年《广西统计年鉴》《中国农村贫困监测报告》公开发布的相关数据，比如地区 GDP、金融信贷规模、城乡居民收入等；二是笔者在实际部门调研中采集到的数据，比如各个贫困县贫困人口、贫困发生率、历年脱贫人口等。笔者先后多次前往广西财政厅、广西扶贫办、百色市财政和扶贫职能部门，以及贫困村和贫困户开展调研，对调研采集的第一手数据资料进行加工整理，以满足实证需要。相关数据的描述性统计如表4-18所示。

表4-18　　模型（4-1）～模型（4-3）变量的描述性统计结果

变量名称	单位	Obs	Mean	Std. Dev.	Min	Max
农村居民收入	元	156	6613.71	1399.35	4025.00	10092.00
城乡居民人均收入比	倍数	156	3.40	0.59	2.16	4.93
贫困发生率	%	156	22.08	7.99	6.44	43.13
财政扶贫资金	万元	156	4843.29	2972.54	766.00	19384.38
人均GDP	元	156	20283.24	9262.44	5166.05	55405.34
金融发展水平	%	153	0.68	0.31	0.34	2.96

另外，需要特别说明的是，在实证研究过程中，为了消除异方差，对绝对值较大的数据进行了取对数处理，具体详细分析见表4-17的说明，同时，还通过缩尾处理减少了来自异常值和极端值的影响。

三、财政扶贫收入分配整体效应的实证结果分析

从构建的实证模型、研究样本和数据来源可知，笔者尝试做的是短面板回归分析，首先必须进行模型检验，以确定是适用固定效应模型还是随机效应模型。豪斯曼（Hausman）检验结果如表4-19所示。

表4-19　　模型（4-1）～模型（4-3）的Hausman检验结果

样本	检验方法		（4-1）收入增长效应		（4-2）收入差距效应		（4-3）减贫效应	
			卡方χ²值	Prob	卡方χ²值	Prob	卡方χ²值	Prob
广西51个贫困县	Hausman	结果	34.63	0.0000	7.32	0.0623	59.85	0.0000
		结论	采用个体固定效应模型		采用个体随机效应模型		采用个体固定效应模型	

从豪斯曼检验结果来看，模型（4-1）即收入增长效应模型和模型（4-3）即减贫效应模型均强烈拒绝"存在个体随机效应"的原假设，应该采

用个体固定效应模型进行回归分析。模型（4-2）即收入差距效应模型豪斯曼检验 P 值大于 0.05，不能拒绝原假设，应该选择个体随机效应模型，不过，模型（4-2）的回归结果与理论和预期相悖，进一步进行异方差检验发现数据存在序列相关，于是决定使用 FGLS（可行广义最小二乘法）对模型（4-2）进行回归。实证结果如表 4-20 所示。

表 4-20　　　　　　　　财政扶贫资金规模影响收入分配的实证结果

模型	(4-1)	(4-2)	(4-3)
回归方法	FE	FGLS	FE
变量	农村人均收入	城乡收入比	贫困发生率
财政扶贫资金	0.158 *** (0.0223)	0.0452 *** (0.0131)	-7.739 *** (1.027)
人均 GDP	0.405 *** (0.0652)	-0.252 *** (0.0208)	-18.34 *** (2.997)
金融发展水平	0.309 *** (0.0639)	-0.0950 *** (0.0363)	-18.16 *** (2.939)
常数项	3.268 *** (0.629)	5.639 *** (0.233)	279.0 *** (28.92)
Observations	153	153	153
R-squared	0.588		0.613
Number of area	51	51	51

注：表中数据为变量的回归系数，括号内数值为标准误，*** 、 ** 、 * 分别表示在 1%、5%、10% 显著性水平上显著。

接下来，依据选用的变量进行分别分析。

首先，表 4-20 第 1 列为模型（4-1）的估计结果。回归结果表明，财政扶贫资金、地区经济增长和金融发展都有较好的益贫性。财政扶贫资金、经济增长以及金融发展水平在 1% 显著性水平下对贫困人口收入增加具有显著正的影响，并不存在"扶富不扶贫"的结论。具体表现为，财政扶贫资金投入每增加 1%，贫困地区农村居民人均收入将增长 0.16%；地方经济每增长 1%，可以拉动贫困地区农村居民人均收入增长 0.41%；金融发展水平每提高 1%（即金融机构信贷规模增加地区 GDP 的 1%），可以带动贫困地区农村居民人均收入增长 30.9%。这说明金融发展对贫困地区农村居民的收入增长效应是最大的，其次为地区经济增长和财政扶贫。

其次，从表 4 - 20 第 2 列的回归结果来看，在其他条件不变的情况下，尽管财政扶贫资金对贫困地区城乡收入差距有所扩大，但是地区经济发展和金融发展则是有利于缩小贫困地区城乡收入差距。其中，金融发展的居民收入差距调节效应相对明显，每增长 1 个单位（1 个百分点），即信贷规模占 GDP 规模每增长 1 个百分点，城乡收入差距则缩小 0.1 倍。需要引起注意的是，实证结果反映出随着财政扶贫资金的增长，贫困地区城乡收入差距反而越拉越大，这意味着财政扶贫项目的实施，对农村居民收入的增长效应要弱于城镇居民。之所以会出现这样的情况，结合实践来看，一方面是因为当前扶贫项目的审批权下放到县，批准实施的项目并不局限于农村，甚至包含了城镇的基础设施、公共服务等；另一方面，随着农村道路、桥梁等交通设施的改善，以及电商扶贫、特色农业示范项目的培育推广，越来越多来自城镇的产业资本和人力资本下乡创业，与农村居民相比，他们无疑处于产业价值链相对高端的位置，具有更强的获利能力，反而比当地农村居民获得了更多的产业扶贫项目外溢收益，拉大了城镇居民与农村居民的收入差距。

最后，从表 4 - 20 第 3 列的回归结果来看，在其他条件不变的情况下，财政扶贫资金规模对减贫具有显著影响。其中，财政资金每增加 1%，贫困发生率可以降低 0.08 个百分点；地区人均 GDP 每上升 1%，贫困发生率可以降低 0.18 个百分点；金融发展水平每提高 1 个单位（即信贷规模占 GDP 的比例增加 1 个百分点），贫困发生率则可以降低 18.16 个百分点。

从实证结果来看，不管是收入增长效应、收入差距调节效应，还是减贫效应，控制变量金融发展情况的影响程度都远大于其他变量。一方面可能是在相关数据采集中，由于无法将贫困地区投资于农村的信贷与投资于城镇的信贷区分开来，而将信贷规模全部视为投向贫困地区农村，在一定程度上放大了金融发展对农村反贫困的作用力度；另一方面则是源于金融资源稀缺带来的边际效用较高导致的。对于欠发达地区而言，外来投资十分有限，很难达到莱宾斯坦的"临界最小努力"规模，信贷资源稀缺必然致使金融发展具有较高边际效用。另外，从 2014 年广西开展的建档立卡、精准识别工作中获得的致贫原因中，高达 42.33% 的贫困户因缺少发展资金引致贫困，在所有致贫原因中排名第一。这无疑从反面印证了金融发展对广西扶贫事业具有举足轻重的影响。因此，对于广西而言，发展普惠金融，撬动社会资本参与扶贫开发，提高金融发展水平，大力实施金融扶贫显得尤为重要。在此，还要进一步强调财政扶贫与金融扶贫的协调配合，加大财政贴息的范围和力度，充分发挥财政扶贫的减贫作用。

第三节　财政扶贫资金来源的收入分配效应分析

财政扶贫专项资金从来源来看，分为中央财政资金和省级财政资金，那么不同来源的财政资金所产生的收入分配效应是否一致呢？对此问题我们将在下面进一步的实证研究中予以回答。

一、不同资金来源的收入分配效应模型构建

借鉴模型（4-1）~模型（4-3）的设定思路，将财政扶贫资金规模细分为中央财政扶贫资金和广西壮族自治区财政扶贫资金两个核心解释变量，被解释变量和控制变量保持不变，构建如下模型：

$$\text{Income}_{it} = \beta_0 + \beta_1 \cdot \text{Expcen}_{it} + \beta_2 \text{Exppro}_{it} + \beta_3 \cdot \text{GDP}_{it} + \beta_4 \cdot \text{Finance}_{it} + \mu_{it}$$

$$(4-4)$$

$$\text{Gap}_{it} = \beta_0 + \beta_1 \cdot \text{Expcen}_{it} + \beta_2 \text{Exppro}_{it} + \beta_3 \cdot \text{GDP}_{it} + \beta_4 \cdot \text{Finance}_{it} + \mu_{it}$$

$$(4-5)$$

$$\text{Poverty}_{it} = \beta_0 + \beta_1 \cdot \text{Expcen}_{it} + \beta_2 \text{Exppro}_{it} + \beta_3 \cdot \text{GDP}_{it} + \beta_4 \cdot \text{Finance}_{it} + \mu_{it}$$

$$(4-6)$$

其中，解释变量 Expcen 指中央财政专项扶贫资金，解释变量 Exppro 指广西壮族自治区财政专项扶贫资金，其余变量含义与模型（4-1）~模型（4-3）相同。

二、数据说明与回归方法选择

模型（4-4）~模型（4-6）中，中央财政扶贫资金和广西壮族自治区扶贫资金，是根据调研获得的广西财政厅下达的财政扶贫资金公文中的数据资料，分析整理计算得到的。在实证模型中取自然对数，以消除异方差。其余变量的含义及数据处理与表4-17相同。模型中主要变量的描述性统计如表4-21所示。

表 4－21　　　模型（4－4）~ 模型（4－6）中各变量的描述性统计结果

变量名称	单位	Obs	Mean	Std. Dev.	Min	Max
农村居民收入	元	156	6613.71	1399.35	4025.00	10092.00
城乡居民收入差距	倍数	156	3.40	0.59	2.16	4.93
贫困发生率	%	156	22.08	7.99	6.44	43.13
中央财政扶贫资金	万元	156	3647.20	2335.93	539.91	15073.60
自治区财政扶贫资金	万元	156	1196.09	914.88	97.30	4844.58
人均 GDP	元	156	20283.24	9262.44	5166.05	55405.34
金融发展水平	%	153	0.68	0.31	0.34	2.96

数据来源于广西 51 个贫困县 2013~2015 年 3 年的数据，为县域短面板数据。为了确认模型回归的方法，分别对模型（4－4）~ 模型（4－6）进行了面板混合回归、固定效应回归和随机效应回归检验。三个模型混合回归 F 检验的 P 值为 0.0000，强烈拒绝了混合模型假设，Hausman 检验结果表明模型（4－4）~ 模型（4－6）强烈拒绝随机效应的原假设，由此确定采用固定效应模型。检验结果如表 4－22 所示。

表 4－22　　　模型（4－4）~ 模型（4－6）的 Hausman 检验结果

样本	检验方法		(4-4) 收入增长效应		(4-5) 收入差距效应		(4-6) 减贫效应	
			卡方 χ^2 值	Prob	卡方 χ^2 值	Prob	卡方 χ^2 值	Prob
广西 51 个贫困县	Hausman	结果	28.88	0.0000	14.30	0.0064	72.17	0.0000
		结论	采用个体固定效应模型		采用个体固定效应模型		采用个体固定效应模型	

三、中央和地方财政扶贫资金的收入分配效应结果分析

表 4－23 列出了基于财政扶贫资金来源的收入分配效应的实证结果。模型（4－4）~ 模型（4－6）分别给出了中央财政扶贫资金和自治区财政扶贫资金对贫困地区农村居民收入影响的回归结果。

表 4 – 23 　　　　　　不同来源财政扶贫资金影响收入分配的实证结果

模型	(4 – 4)	(4 – 5)	(4 – 6)
回归方法	FE	FE	FE
变量	农村人均收入	城乡收入比	贫困发生率
中央财政扶贫资金	0.0441 ** (0.0184)	– 0.0372 (0.0279)	– 3.166 *** (0.875)
广西壮族自治区财政扶贫资金	0.0806 *** (0.00779)	– 0.0651 *** (0.0118)	– 3.547 *** (0.370)
人均 GDP	0.365 *** (0.0541)	– 0.240 *** (0.0818)	– 16.24 *** (2.570)
金融发展水平	0.243 *** (0.0532)	– 0.275 *** (0.0804)	– 15.16 *** (2.527)
常数项	4.118 *** (0.524)	6.696 *** (0.792)	241.5 *** (24.91)
Observations	153	153	153
R-squared	0.728	0.432	0.727
Number of area	51	51	51

注：表中数据为变量的回归系数，括号内数值为回归系数的标准误，***、**、*分别表示在 1%、5%、10% 显著性水平上显著。

对表 4 – 23 中第 1 列回归结果的分析。模型（4 – 4）的实证结果表明，随着中央财政扶贫资金和自治区扶贫资金的增长，贫困地区农村居民收入相应得到增长，与此同时，贫困地区经济增长和金融发展水平提高也是有利于增加贫困地区农村居民收入的，符合理论预期。除中央扶贫资金是在 5% 水平上显著之外，其余变量均是在 1% 水平上显著，说明它们对贫困地区农村居民收入的提高具有显著的促进作用。从系数值来判断，在其他条件不变的情况下，中央扶贫资金支出每增长 1%，贫困地区农村居民收入增长 0.04%；自治区扶贫资金支出每增长 1%，贫困地区农村居民收入增长 0.08%；地区 GDP 每增长 1%，可带动贫困地区农村居民收入增长 0.365%；金融发展水平每提高 1 个单位即信贷规模每增加 GDP 的 1%，贫困地区农村居民收入增长 24.3%。与前面的实证结果相类似，对于广西贫困地区而言，发展地区经济与地方金融事业所能带来的贫困居民增收效应要远大于财政扶贫政策。另外，之所以自治区扶贫资金的收入增长效应要大于中央扶贫资金，主要是源于中央扶贫资金侧重以工代赈、农村交通水利等基础设施项目的支出，而自治区扶贫资金的使用更具针对性，侧重于改善贫困地区公共服务与生产生活条件，到村到户效果更好，因此，对贫困户的帮扶效果更直接。

对表4－23中第2列回归结果的分析。模型（4－5）的实证结果表明，中央扶贫资金与自治区扶贫资金都有利于贫困地区城乡居民收入差距的缩小。不过，中央扶贫资金支出对城乡居民收入分配差距的作用不显著，这可能与中央扶贫资金的投向侧重于农村公共服务均等化有关，对贫困人口的直接帮扶效应不够明显。自治区扶贫资金的收入差距调节效应在1%水平上显著，对贫困地区农村居民收入的贡献高于对城镇居民的贡献。与此同时，控制变量地区人均GDP和金融发展情况也可以正向调节城乡居民收入差距，并且在1%水平上显著。信贷规模每增加1个单位即金融机构信贷规模每增加GDP的1%，可以缩小城乡居民收入差距0.275倍，地区竞争增长和信贷规模扩张的收入差距调节相应地相对较大。

对表4－23中第3列回归结果的分析。模型（4－6）解释的是不同来源的财政扶贫资金对贫困减缓的影响大小。从核心解释变量来看，不管是中央财政扶贫资金，还是自治区财政扶贫资金，都可以显著地降低贫困发生率，并且在1%水平上显著。在其他条件不变的情况下，中央扶贫资金支出每增加1%，可以降低贫困发生率0.03个百分点；自治区扶贫资金每增加1%，贫困发生率降低0.04个百分点，自治区财政扶贫资金的减贫效应优于中央财政扶贫资金。从控制变量来看，在其他条件不变的情况下，地区GDP每增长1%，贫困发生率可以降低0.16个百分点；金融信贷规模每增加1个单位即增加GDP规模的1%，贫困发生率可以降低15.16个百分点。金融发展和地区经济增长所产生的减贫效应明显要大于财政扶贫发挥的减贫效应。

第四节 财政扶贫资金结构的收入分配效应分析

在第二节的实证分析中，我们发现省级财政扶贫资金不论是收入增长效应、收入差距调节效应，还是减贫效应均比中央财政扶贫资金略胜一筹。造成这一现象的原因，从理论上来看，可能与不同来源资金的主要投向有关。为了寻求相关依据，有必要从财政扶贫资金支出结构进一步开展实证分析。

一、区分资金投向的收入分配效应模型设定

从支出结构来看，在精准扶贫背景下，我国财政专项扶贫资金主要包括扶贫发展资金、以工代赈资金、少数民族发展资金、易地搬迁专项补助资金、国有贫困农场扶贫资金、国有贫困林场扶贫资金和扶贫贷款贴息资金七大类。其中，扶贫发展资金、以工代赈资金、少数民族发展资金、易地搬迁资金占比较高，属于扶贫资金的主要投向。

每类资金的具体用途和管理方法都有所差别。财政扶贫发展资金，主要包括支援经济不发达地区的发展资金、"三西"农业建设专项补助资金①和新增财政扶贫资金；重点用于发展种植业、养殖业、科技扶贫；适当用于修建乡村道路、桥梁，建设基本农田，兴建农田水利，解决人畜饮水问题，发展农村基础教育、医疗卫生、文化、广播、电视事业。以工代赈资金用于贫困地区基础设施建设，改善群众生产、生活条件和生态环境，重点修建县、乡、村道路，建设基本农田，新建小微型农田水利，解决人畜饮水及开展小流域综合治理等，适当用于异地扶贫开发中的移民村基础设施建设。② 少数民族发展资金则重点用于少数民族聚集区的基础设施、公共服务与文化传承事业。易地搬迁资金主要面向建档立卡贫困户易地搬迁，以及确需与建档立卡贫困户同步搬迁的其他农户的易地搬迁（即通常所指的"同步搬迁户"），资金的使用范围包括：易地搬迁住房和必要的附属设施建设、安置区内水、电、路等配套基础设施建设和教育、卫生、文化等配套公共服务设施，以及发放给搬迁户的专项补助等。

基于财政扶贫资金的主要投向，我们将财政专项扶贫资金的支出分为五大类别：扶贫发展资金（由变量 Expdev 代表）、少数民族发展资金（由变量 Expmin 代表）、以工代赈资金（由变量 Exprel 代表）、易地搬迁资金（由变量 Expmov 代表）和其他专项扶贫资金（由变量 Expels 代表，除前面四项之外的其他专项扶贫资金，包括用于国有贫困林场和农场的扶贫资金、困难群众的各类帮扶补助资金等），统一作为核心解释变量，构建实证模型

---

① "三西"农业建设专项补助资金通常简称为"三西专项资金"，是中央财政为开发利用甘肃省河西地区农业资源，治理以定西地区为代表的甘肃省中部干旱地区和宁夏回族自治区西海固地区的生态环境，通过发展农业改变该地区贫困落后面貌而提供的专项扶贫开发性的补助资金。

② 刘坚：《中国农村减贫研究》，中国财政经济出版社 2009 年版，第 97~98 页。

如模型（4－7）～模型（4－9）所示。

$$Income_{it} = \beta_0 + \beta_1 \cdot Expdev_{it} + \beta_2 \cdot Expmin_{it} + \beta_3 \cdot Exprel_{it} + \beta_4 \cdot Expmov_{it} +$$
$$\beta_5 \cdot Expels_{it} + \beta_6 \cdot GDP_{it} + \beta_7 \cdot Finance_{it} + \mu_{it} \qquad (4-7)$$

$$Gap_{it} = \beta_0 + \beta_1 \cdot Expdev_{it} + \beta_2 \cdot Expmin_{it} + \beta_3 \cdot Exprel_{it} + \beta_4 \cdot Expmov_{it} +$$
$$\beta_5 \cdot Expels_{it} + \beta_6 \cdot GDP_{it} + \beta_7 \cdot Finance_{it} + \mu_{it} \qquad (4-8)$$

$$Poverty_{it} = \beta_0 + \beta_1 \cdot Expdev_{it} + \beta_2 \cdot Expmin_{it} + \beta_3 \cdot Exprel_{it} + \beta_4 \cdot Expmov_{it} +$$
$$\beta_5 \cdot Expels_{it} + \beta_6 \cdot GDP_{it} + \beta_7 \cdot Finance_{it} + \mu_{it} \qquad (4-9)$$

上述模型的被解释变量、控制变量的含义与前文相同，可以参考表4－17，在此不再赘述。

二、数据说明与回归方法选择

各个变量的数据来源与前文相一致，研究样本为广西52个贫困县（不含龙圩区和平桂区），数据包含2013年、2014年、2015年三期。各个模型中主要变量的描述性统计如表4－24所示。

表4－24　　模型（4－7）～模型（4－9）中各变量的描述性统计结果

变量名称	单位	Obs	Mean	Std. Dev.	Min	Max
农村居民收入	元	156	6613.71	1399.35	4025.00	10092.00
城乡居民收入差距	倍数	156	3.40	0.59	2.16	4.93
贫困发生率	%	156	22.08	7.99	6.44	43.13
人均GDP	元	156	20283.24	9262.44	5166.05	55405.34
金融发展水平	%	153	0.68	0.31	0.34	2.96
扶贫发展资金	万元	156.00	2522.64	869.64	747.00	5422.00
少数民族发展资金	万元	156.00	379.99	935.37	0.00	6936.00
易地搬迁资金	万元	156.00	946.38	1554.60	0.00	11928.38
以工代赈资金	万元	156.00	521.13	340.95	0.00	1237.00
其他专项扶贫资金	万元	156.00	473.16	649.17	0.00	4490.38

在实证研究中发现南宁市邕宁区的金融发展水平数据缺失，予以剔除，最后使用的有效数据为包含51个县共3期的短面板数据。为了消除异方差，对绝对额类的数据全部进行了取对数处理，详见表4－17的说明，同时，还对所有数据进行了缩尾处理，以减少来自异常值和极端值的影响。为选择合适的回归方法，分别对模型（4－7）～模型（4－9）进行了面板混合回归、

固定效应回归和随机效应回归检验。

首先，三个模型混合回归 F 检验的 P 值均为 0.0000，强烈拒绝了混合模型假设；然后，Hausman 检验结果表明模型（4 - 7）和模型（4 - 9）拒绝随机效应原假设，由此确定采用固定效应模型。模型（4 - 8）的 Hausman 检验结果表明，不能拒绝随机效应的原假设，故采用个体随机效应模型。为慎重起见，又对模型（4 - 8）进行了异方差检验，发现数据存在明显序列相关，并且回归结果也不符合理论解释，于是借鉴王胜（2009）[①] 的做法，使用可以纠正序列相关和异方差性的 FGLS 方法（可行广义最小二乘法）进行回归。检验结果如表 4 - 25 所示。

表 4 - 25　　　　模型（4 - 7）~模型（4 - 9）的 Hausman 检验结果

样本	检验方法		(4 - 7) 收入增长效应		(4 - 8) 收入差距效应		(4 - 9) 减贫效应	
			卡方 χ^2 值	Prob	卡方 χ^2 值	Prob	卡方 χ^2 值	Prob
广西 51 个贫困县	Hausman	结果	23.35	0.0015	4.52	0.7188	57.84	0.0000
		结论	采用个体固定效应模型		采用个体随机效应模型		采用个体固定效应模型	

三、不同投向扶贫资金的收入分配效应结果分析

表 4 - 26 列示了扶贫发展资金、少数民族发展资金、以工代赈资金、易地搬迁资金和其他专项扶贫资金的收入分配效应实证结果，由此得出了财政扶贫资金支出结构的收入分配效应论据。

表 4 - 26　　　　财政扶贫资金支出结构影响收入分配的实证结果

模型	(4 - 7)	(4 - 8)	(4 - 9)
回归方法	FE	FGLS	FE
变量	农村人均收入	城乡收入比	贫困发生率
扶贫发展资金	0.143 *** (0.0426)	- 0.172 *** (0.0448)	- 8.927 *** (2.185)
少数民族发展资金	0.0472 *** (0.0169)	- 0.0446 *** (0.0117)	- 2.915 *** (0.866)

---

① 王胜：《区域财政支农资金配置绩效研究》，西南大学博士学位论文，2009 年，第 77 ~ 78 页。

续表

模型	(4-7)	(4-8)	(4-9)
回归方法	FE	FGLS	FE
变量	农村人均收入	城乡收入比	贫困发生率
以工代赈资金	0.0114 (0.0224)	0.0131 (0.0243)	0.654 (1.149)
易地搬迁资金	0.000581 (0.00742)	0.0123 ** (0.00604)	-0.197 (0.381)
其他专项资金	0.0130 *** (0.00393)	-0.00386 (0.00353)	-0.677 *** (0.201)
人均 GDP	0.408 *** (0.0871)	-0.422 *** (0.0379)	-21.19 *** (4.467)
金融发展情况	0.338 *** (0.0790)	-0.290 *** (0.0861)	-18.75 *** (4.051)
常数项	2.995 *** (0.804)	9.278 *** (0.510)	329.7 *** (41.24)
Observations	100	93	100
R-squared	0.772		0.805
Number of area	41	34	41

注：表中数据为变量的回归系数，括号内数值为回归系数的标准误，*** 、** 、* 分别表示在 1% 、5% 、10% 显著性水平上显著。

表 4-26 中，模型（4-7）的回归结果报告了财政扶贫资金支出结构对贫困地区农村居民收入的影响，即财政扶贫资金支出结构的收入增长效应。在其他条件不变的情况下，扶贫发展资金每增加 1%，农村居民收入则增长 0.14%。少数民族发展资金每增加 1%，农村居民收入则增长 0.05%。以工代赈资金对于贫困地区农村居民收入增长的影响不显著，可能原因在于以工代赈资金来源于中央财政，侧重于满足农村基础设施与公共服务均等化。易地搬迁资金的收入增长效应也不显著，这说明当前的易地搬迁对改善农村贫困居民收入的作用还比较有限。易地搬迁要成为精准扶贫的有效措施，不能停留于将贫困人口从生存条件恶劣地区迁出来、重新进行安置这个层面，更关键的是不仅要搬得出来，还必须能够谋取稳定的收入来源，后者才是脱贫的根本保障，否则，对于贫困户而言，只不过是换个地方贫困而已。其他专项资金每增长 1%，农村居民收入则增长 0.01%。收入增长效应相对较小，一方面说明发放补助、补贴这类"输血式"扶贫方式并不能从根本上提高贫

困居民的增收能力；另一方面可能与非贫困居民的冒领有一定的关系。在农村发放这类补助和补贴的审核监管机制还不够健全，冒领、骗领现象时有发生，在一定程度上弱化了收入增长效应。对于控制变量而言，在其他条件不变的情况下，贫困地区 GDP 每增长 1%，可以带动农村居民收入增长 0.41%。金融信贷规模每增加 1 个单位，农村居民收入增加 33.8%，这里面可能涵盖了金融信贷对城镇居民的收入贡献，一定程度上放大了金融发展对农村居民的收入影响。

表 4 – 26 中模型（4 – 8）的回归结果报告了财政扶贫资金支出结构对贫困地区城乡居民收入差距的影响，反映的是收入差距调节效应。在其他条件不变的情况下，扶贫发展资金、少数民族发展资金、易地搬迁资金的增加均可以有效地缩小贫困地区城乡居民收入差距，不过，作用效果不是十分明显。其他专项资金对缩小城乡居民收入差距的作用不显著，这可能是由于针对困难群体的各类补助和补贴因为被非贫困人口冒领、骗领造成资金漏出，无法有效地缩小城乡居民收入差距。

表 4 – 26 中模型（4 – 9）的回归结果报告了财政扶贫资金支出结构对贫困地区贫困发生率减少的影响，反映的是减贫效应。在其他条件不变的情况下，扶贫发展资金每增加 1%，可以降低贫困发生率 0.09 个百分点。少数民族发展资金每增加 1%，可以减少贫困发生率 0.03 个百分点。以工代赈的功能主要是实现城乡在基础设施、公共服务领域的均衡，所以减贫效应反而不显著，并且从符号来看，反而不利于贫困发生率的降低。当前易地搬迁项目在推进过程中，主要采取的整村推进、集中安置，除了建档立卡贫困户之外，还包含一定的同步搬迁户，并且安置地区主要是城镇地区和工业园区周边，这在一定程度上弱化了易地搬迁的减贫效应，导致易地搬迁对贫困发生率的影响不显著。其他专项资金每增长 1%，可降低贫困发生率 0.01 个百分点。在其他条件不变的情况下，地区 GDP 每增长 1%，可以降低贫困发生率 0.21 个百分点；金融信贷规模每增加 1 个单位即 GDP 规模的 1%，可以降低贫困发生率 18.75 个百分点，二者均在 1% 水平上显著，再次说明了地区经济增长、金融信贷资金扩张对于广西贫困地区减贫的积极影响，在完善精准扶贫政策的时候，应该引起足够的重视。

第五章　财政扶贫调节收入分配的效率评价：基于广西的分析

在第四章，我们已经利用由广西贫困地区构造的短面板数据模型，从财政扶贫资金的规模、来源和支出结构等维度，分别对财政扶贫资金收入分配的整体效应、收入差距调节效应和减贫效应进行了多角度、全方位的实证研究，为我们科学、客观地认识财政扶贫资金的收入分配效应提供了论据。从实证结果来看，不同来源、不同投向的财政扶贫资金所产生的收入分配效应有所差异，在贫困地区居民收入增长、收入差距调节、贫困人口减少等方面产生的影响各不相同。其中，在其他条件不变的情况下，财政扶贫具有较好的益贫性，随着中央财政扶贫资金和地方财政扶贫资金的增长，贫困地区农村居民收入相应得到增长，并且都可以显著地降低贫困发生率。在其他条件不变的情况下，扶贫发展资金、少数民族发展资金、其他专项资金也具备较好的收入增长效应。与此同时，在其他条件不变的情况下，扶贫发展资金、少数民族发展资金等还可以有效地缩小贫困地区城乡居民收入差距，降低贫困发生率。

财政扶贫资金不仅仅是会计报表上的支出数字，也是财政扶贫政策行为的高度浓缩。收入分配是财政三大基本职能之一，对于贫困地区而言，制定和实施财政扶贫政策则是财政发挥收入分配职能的重要举措。衡量和评价一项政策不仅要判断政策的效果是否实现了预期，还应该分析政策的效果是否为既定投入条件下的最优产出，即政策实施效率。如果财政扶贫资金具有收入分配效应，那么这些效应发挥到了什么程度，距离理想状态还有多远呢？显然我们的研究还不能就此打住，我们有必要在完成财政扶贫资金收入分配效应实证分析的基础上，进一步去评价财政扶贫资金调节收入分配的效率水平，为财政扶贫政策的优化提供更加明晰的方向。从效应到效率，是关注点由静态结果转向动态机制的必要调整，是相关研究的进一步深化。

第一节　模型构建与指标设计

一、方法的选择

当前国内外针对财政支出效率进行评价的方法有很多，大致可以分为基于专家知识和基于数据统计两类：① 一是基于专家知识的评价方法，通常使用模糊数学、层次分析法来对绩效进行量化评价，不足之处是专家评价的主观性较强、区域间效率差异性过大，难以真实反映财政支出效率情况。二是基于数据统计的效率评价量化方法，以数据包络分析为代表，可以充分利用历史数据，分析得出加权产出与加权投入之间的比值，从而定量评价财政支出的绩效。

数据包络分析（data envelopment analysis，DEA）是数学、运筹学、数理经济学和管理科学的一个新的交叉领域。在 1978 年，查理斯、库珀和罗兹（Charnes、Cooper and Rhodes）三位学者共同创建了一种对同质的决策单元（decision making unit，DMU）确定相对有效性的数学规划方法，即数据包络分析方法。它将凸性生产可能集的最佳运营观测值连接成为一个分段线性组合，由此构造其生产前沿面（成为 DEA 前沿面），确定生产前沿面的结构、特征和构造方法，无须明确生产函数形式，属于一种非参数的统计估计方法。数据包络分析的有效性与其相应的多目标规划问题的帕累托有效解是等价的，可用于评价决策单元在各时期不同技术经济条件下的发展是否相对有效率，分析缺失效率的原因，指出调整以达到有效状态的途径与程度。近几年，DEA 方法引起了众多领域的学者与实务工作者的关注，被广泛运用于世界各地不同类型的组织单元中，比如医院、军事单位、大学、城市、法院、零售商、金融机构、物流及制造企业等。

DEA 是一种非参数估计方法，不依靠来自专家的主观评价，也不依赖于支出要素和产出要素的函数关系，对决策单元的评价具有很强的客观性和实用性，是评价财政支出效率比较合理的优选方法。鉴于 DEA 方法的主要优

---

① 黄冠华：《基本公共服务财政支出绩效评价与差异性分析——来自湖北省 17 地州市的证据》，载于《财政监督》2017 年第 13 期，第 42～47 页。

点，借鉴学术界的已有做法，结合我们的研究内容与目标，考虑到数据的可得性，本章决定以广西的贫困县（市、区）为样本，运用 DEA 方法对广西财政扶贫调节居民收入分配的效率进行定量评价。

二、实证模型构建

人类的任何活动都涉及效率问题，因此效率历来都是经济学的研究重点之一。DEA 方法的核心思想是通过估计有效前沿面，将一个经济系统视为投入与产出组成的决策单元（DMU），并把投入要素与产出要素等变量与所估计的有效前沿面进行对比，从而识别低效率决策单元，并给出其相对效率得分。若某个 DMU 在某项经济系统中投入向量为 $x = (x_1, x_2, \cdots, x_m)$，产出向量为 $y = (y_1, y_2, \cdots, y_n)$，则第 j 个决策单元（$DMU_j$）的投入和产出向量分别为：

$$x_j = (x_{1j}, x_{2j}, \cdots, x_{mj})^T \geq 0 \quad j = 1, 2, \cdots, m$$

$$y_j = (y_{1j}, y_{2j}, \cdots, y_{nj})^T \geq 0 \quad j = 1, 2, \cdots, n$$

相应的效率评价指数的表达式如下，h_j 值越大则表明 DMU 绩效越高，其取值范围是 $0 \leq h_j \leq 1$。变量 v_r 为对第 r 种输入的度量（权系数），变量 u_i 为对第 i 种输出的度量（权系数）。

$$h_j = \frac{u^T y_j}{v^T x_j} = \frac{\sum u_r y_{rj}}{\sum v_i x_{ij}} \quad j \in (m, n)$$

数据包络模型如下：

$$\max h_{j0} = \frac{\sum_{r=1}^{s} u_r y_{rj}}{\sum_{i=1}^{m} v_i x_{ij}}$$

$$\text{s. t.} \quad \frac{\sum_{r=1}^{s} u_r y_{rj}}{\sum_{i=1}^{m} v_i x_{ij}} \leq 1 \quad j \in (m, n)$$

$$\sum \lambda_i = 1 \quad v \geq 1 \quad u \geq 1$$

经典的数据包络分析模型包括 CCR 模型、BCC 模型、FG 模型和 ST 模型等，采用 DEA 方法进行效率评价，通常使用 CCR 和 BCC 两种模型。其中，CCR 模型是由查尔斯、库珀和罗德斯（Charnes，Cooper and Rhodes）于 1978 年提出，它的假设前提是规模报酬不变（constant returns to scale，CRS），仅仅适用于衡量所有决策单元均处于最优规模情形——长期平均成本曲线（long run average cost）的平坦部分的决策单元效率，解答的是一个决策单元是否既实现了"技术有效"又实现了"规模有效"的问题，无法解答其是否实现了"技术有效"或"规模有效"的问题。鉴于此，班克、查尔斯和库珀（Banker，Charnes and Cooper）在 1984 年提出了不考虑生产可能集满足锥性的数据包络分析模型，即 BCC 模型，它假设规模报酬可变（variable returns to scale，VRS），适用于并非所有决策单元均处于最优规模的情形，从而可以解答 CCR 模型无法解答的问题。

无论地区贫穷还是富有，能够用于扶贫的财政资金总是有限的，属于稀缺资源。面对我国贫困人口规模依然庞大、脱贫任务依然艰巨的客观现实，再加上财政资金分配体制、基本服务供给等约束，我国大部分地区现阶段财政扶贫资金支出很难实现最优规模。利用 CCR 模型并不符合实际情况，无法对财政扶贫进行准确的计量评价。因此，我们选择 DEA 方法中的 BCC 模型进行实证分析。该模型是对 CCR 模型的修正，它将纯技术效率和规模效率从综合效率中分离出来，即综合效率 = 纯技术效率 × 规模效率。其中，纯技术效率（pure technology efficiency，PT）是假设规模报酬可变，比较生产前沿面与实际产出之间的距离大小，反映的是地方政府财政扶贫资金使用管理水平的高低和资源要素配置、结构规划的合理程度等。规模效率（scale efficiency，SE）衡量规模报酬可变与不变情况下的距离差距，反映的是地方政府财政扶贫资金投入规模变化对其产出的影响程度。规模效率又分为规模报酬递增、规模报酬递减和不变三种类型。规模报酬递增表示增加投入规模会提高效率水平，递减则反映适当减少投入规模可以提高生产效率，不变则表示财政扶贫的投入规模的变化对其效率水平没有影响。只有当纯技术效率和规模效率同时达到有效时，才能实现综合效率（total efficiency，TE）有效。DEA-BCC 模型如下：

$$\min z_0 = \theta - \varepsilon \left(\sum_{r=1}^{s} s_r^+ + \sum_{i=1}^{m} s_i^- \right)$$

$$\text{s. t.} \sum_{j=1}^{n} \lambda_j x_{ij} + s_i^- = \theta x_{i0}$$

$$\sum_{j=1}^{n} \lambda_j y_{rj} - s_r^+ = y_{r0}$$

$$\sum_{j=1}^{n} \lambda_j = 1 \quad \lambda \geqslant 0 \quad s^+ \geqslant 0 \quad s^- \geqslant 0$$

为了对下一阶段财政投入规模和结构的优化提供决策参考，进一步提高财政扶贫调节收入分配的效率水平，在上述数据包络模型中引入了两个松弛变量 s^- 和 s^+，精确测算 DMU 非有效情况下产出不足值与投入冗余值，从而得到可改进的目标数值。在该模型中，ε 为非阿基米德无穷小，可以理解为足够小的正数，本书研究取值为 0.00001；θ 表示效率系数，是线性规划的一个解，z_0 为任意数。DEA 的效率值在 0 到 1 之间，等于 1 为效率有效，小于 1 均为非有效效率，在非有效效率范围内又可视具体情况而分为高效率值和低效率值。我们可以通过模型的最优解和松弛变量的取值来判断决策单元是否有效，具体规则为：

（1）若 $\theta < 1$，s^-、s^+ 不全为 0，则表明决策单元处于 DEA 无效率状态；

（2）若 $\theta = 1$，s^-、s^+ 有一个不为 0，表明该决策单元处于 DEA 效率弱有效状态；

（3）若 $\theta = 1$，s^-、s^+ 均为 0，则表明决策单元处于 DEA 有效率状态。

另外，DEA-BCC 方法还区分产出既定的投入导向和投入既定的产出导向。本章的研究目的是从财政支出效率管理的角度出发，研究提高贫困地区财政扶贫调节居民收入分配效率的实现路径，因此，在实证分析时，选择投入既定、以产出为导向的 DEA-BCC 模型，对财政扶贫调节收入分配的效率进行评价，以此反映政府在既定财政扶贫支出水平下获得最大收入分配效率的能力。

三、投入产出指标设计

根据帕累托的经典解释，所谓有效率是指，经济运行达到所进行的任何改变都不会在损害任何人的前提下为任何其他人增进福利的一种状态。对一个企业或社会来说，最高效率意味着资源处于最优配置状态，从而使特定范围内的需求得到最大满足，或福利得到最大增进，或财富得到最大增加。效率的度量为：

$$效率 = \frac{输入}{输出}$$

　　财政扶贫是一个复杂的、多种因素相互作用的体系，尤其受到贫困户禀赋特征、帮扶措施、扶贫投入多种资源的制约。在当前精准扶贫实践中，财政具有主导作用。不管是中央倡导的"五个一批"①、还是广西自创的"八个一批"②，从根本上来看，都是以财政扶贫资金投入作为基本保障的，本质上都是财政资源在贫困地区的再配置，是财政参与扶贫在项目或者路径上的差异化表现。同时，考虑到贫困地区贫困人口主要从事农业种植、养殖业，具备劳动能力的贫困人口是农业劳动力的主要提供者，以及农作物播种面积亦是十分关键的投入要素，我们便选取了各种投向的财政扶贫资金、贫困人口和农作物播种面积作为 DEA 分析的投入指标。

　　财政扶贫行为不仅会对贫困地区经济层面、社会层面，还包括生态层面都会带来影响。不过，本章的研究目的在于评价财政扶贫对居民收入分配的调节效率。结合本书在第一章对财政扶贫收入分配效应内涵的界定，主要选取与贫困地区收入分配直接相关，且与投入指标具有一定逻辑对应关系的变量作为实证分析的产出指标，包括贫困地区第一产业产值、贫困地区农村和居民收入水平、脱贫人口数。如表 5-1 所示。

表 5-1　　　　　　　　财政扶贫调节居民收入分配效率评价的指标设计

指标类型	指标名称	计算方法、来源与解释
投入指标	扶贫发展资金（万元）	扶贫的财务资源投入。数据从实际部门调研中获得的广西财政厅下达扶贫资金的公文，并对扶贫资金支出进行分类统计汇总得到
	少数民族发展资金（万元）	
	以工代赈资金（万元）	
	易地搬迁资金（万元）	
	其他专项扶贫资金（万元）	
	贫困人口（人）	扶贫的人力资源投入。数据从广西扶贫办、相关市县扶贫办调研获得
	农作物总播种面积（公顷）	农业种植是贫困人口的主要谋生手段，农作物播种面积代表土地资源投入量。数据来自《广西统计年鉴》

　　① "五个一批"即发展生产脱贫一批、易地扶贫搬迁脱贫一批、生态补偿脱贫一批、发展教育脱贫一批、社会保障兜底一批。
　　② "八个一批"即扶持生产发展一批、专业就业扶持一批、移民搬迁安置一批、生态补偿脱贫一批、教育扶智帮助一批、医疗救助解困一批、低保政策兜底一批、边贸政策扶助一批。

指标类型	指标名称	计算方法、来源与解释
产出指标	第一产业生产总值（万元）	农业经营性收入是贫困人口脱贫的主要经济收入来源，也是产业扶贫效果的直接体现。数据来自《广西统计年鉴》
	农民居民人均收入（元）	贫困人口脱贫的主要决定因素，也是扶贫调节收入分配的具体表现。数据来自《广西统计年鉴》
	城镇居民人均收入（元）	财政扶贫政策的外溢效应在调节收入分配层面的反映，也是财政扶贫调节收入分配的具体表现。数据来自《广西统计年鉴》
	脱贫人口（人）	财政扶贫效果的最终反映，也是财政扶贫调节收入分配效应的最终反映。数据从广西扶贫办、相关市县扶贫办调研获得

四、数据来源与处理

本书研究以广西 52 个贫困县作为研究对象①，考虑到数据收集的难度，以及我们希望重点评价精准扶贫背景下的财政扶贫调节居民收入分配效率，并与第四章的实证分析保持对应关系，本章便选取了 2013 年、2014 年、2015 年共 3 年的数据进行分析。关于数据处理及来源说明如下：

（1）关于贫困地区财政扶贫资金。目前县域层面的财政扶贫资金数据很难获得，并且各个层面的统计和支出口径也千差万别。为此，我们收集了 2013～2015 年广西财政厅下达扶贫资金的所有公文，共计 130 多份，进行逐一分析，并基于扶贫资金的投向，按照 52 个贫困县分类整理、归集、汇总，最终得到符合条件的数据。

（2）关于贫困地区第一产业生产总值。地区 GDP 是衡量地区经济发展水平的重要指标，可以反映财政扶贫对于地方经济发展的促进作用。由于贫困地区贫困人口主要从事的是农业生产经营活动，选择第一产业生产总值的针对性更强。根据 2014～2016 年《广西统计年鉴》，整理得到 52 个贫困县第一产业生产总值数据。

---

① 广西共有 54 个贫困县，由于梧州的龙圩区、贺州的平桂区均为新近成立，缺少相关的量化评价数据，所以，本书研究不包括龙圩区和平桂区。

（3）关于贫困地区城乡居民人均收入。由于贫困地区贫困居民的收入水平无法获得，借鉴当前的通用做法，采用贫困地区农村居民人均纯收入来替代。在这里也是根据 2014~2016 年《广西统计年鉴》，整理得到 52 个贫困县城乡居民人均收入水平数据。

（4）关于贫困地区贫困人口、脱贫人口数。根据从广西扶贫办、各市县扶贫办实地调研的数据，进行计算整理得到。

第二节　实证结果与评价分析

一、效率评价结果

效率概念在不同学科中的表述往往有所区别。不过，无论其表述如何不同，其基本含义具有一致性，都是指产出与投入之比，反映投入转化为有效产出的程度，揭示的是达到结果与使用的资源之间的关系。在上述实证模型中，我们选取的投入指标主要以财政扶贫资金为核心，产出指标则聚焦于贫困地区居民收入分配，这样通过 DEA 模型评价得到的各类效率正好就是财政扶贫行为对居民收入分配的调节效率。不过，DEA 模型是从决策单元选取前沿面来进行效率评价的，得到的效率属于相对效率。

按照前面构建的模型和采集的数据，运用 MaxDEA 软件，对广西财政扶贫调节居民收入分配的效率进行评价，得到的结果如表 5-2 所示。

表 5-2 中，TE 为综合效率或总技术效率、PTE 为纯技术效率、SE 为规模效率、RTS 为规模报酬。当 PTE 和 SE 都为 1 时，TE 也等于 1 时，表明该地区的财政扶贫支出 DEA 有效，即相对其他地区而言，该地区投入产出比达到了最优状态；当 PTE 为 1，而 SE 不为 1 时，表明该地区财政扶贫支出的技术效率较好，但是投入的规模距离最优规模存在差异；当 SE 为 1，而 PTE 不为 1 时，表明该地区的财政扶贫支出规模是恰当的，但是在支出结构、资金管理水平、使用效率等技术层面不是最优，以上两种情况可以称之为"弱 DEA 有效"。RTS 反映的是规模报酬，Dec. 是指决策单元（DMU）处于规模报酬递减区域；Inc. 是指决策单元（DMU）处于规模报酬递减区域；Con. 是指决策单元（DMU）处于规模报酬不变区域。当决策单元处于规模报酬递减区域时，通过向 TOPS 点的移动来缩小投入规模，就可以变得更加有效率，反之亦然。

表 5 – 2　2013～2015 年广西财政扶贫调节居民收入分配的效率评价结果

序号	地级市	县市区	2013 年					2014 年					2015 年				
			TE	PTE	SE	RTS	TE 排名	TE	PTE	SE	RTS	TE 排名	TE	PTE	SE	RTS	TE 排名
1	南宁市	隆安县	1.000	1.000	1.000	Con.	1	1.000	1.000	1.000	Con.	1	0.883	0.905	0.975	Dec.	42
2		马山县	0.938	1.000	0.938	Dec.	28	1.000	1.000	1.000	Con.	1	1.000	1.000	1.000	Con.	1
3		上林县	0.738	0.939	0.786	Dec.	48	1.000	1.000	1.000	Con.	1	1.000	1.000	1.000	Con.	1
4		邕宁区	1.000	1.000	1.000	Con.	1	1.000	1.000	1.000	Con.	1	1.000	1.000	1.000	Con.	1
5		融安县	0.813	1.000	0.813	Dec.	40	0.828	0.998	0.830	Dec.	44	0.893	1.000	0.893	Dec.	41
6	柳州市	融水苗族自治县	0.815	0.892	0.914	Dec.	39	0.806	0.970	0.832	Dec.	45	0.932	0.961	0.970	Dec.	37
7		三江侗族自治县	1.000	1.000	1.000	Con.	1	1.000	1.000	1.000	Con.	1	1.000	1.000	1.000	Con.	1
8		灌阳县	0.768	0.945	0.812	Dec.	42	1.000	1.000	1.000	Con.	1	0.991	0.992	1.000	Dec.	29
9	桂林市	龙胜各族自治县	1.000	1.000	1.000	Con.	1	1.000	1.000	1.000	Con.	1	1.000	1.000	1.000	Con.	1
10		资源县	1.000	1.000	1.000	Con.	1	1.000	1.000	1.000	Con.	1	1.000	1.000	1.000	Con.	1
11		苍梧县	1.000	1.000	1.000	Con.	1	1.000	1.000	1.000	Con.	1	0.915	1.000	0.915	Inc.	40
12	梧州市	蒙山县	0.829	0.930	0.891	Dec.	38	1.000	1.000	1.000	Con.	1	0.924	0.924	0.999	Inc.	38
13		藤县	1.000	1.000	1.000	Con.	1	1.000	1.000	1.000	Con.	1	1.000	1.000	1.000	Con.	1
14	防城港市	上思县	1.000	1.000	1.000	Con.	1	1.000	1.000	1.000	Con.	1	1.000	1.000	1.000	Con.	1
15	贵港市	桂平市	1.000	1.000	1.000	Con.	1	1.000	1.000	1.000	Con.	1	1.000	1.000	1.000	Con.	1
16		博白县	1.000	1.000	1.000	Con.	1	1.000	1.000	1.000	Con.	1	1.000	1.000	1.000	Con.	1
17	玉林市	陆川县	1.000	1.000	1.000	Con.	1	1.000	1.000	1.000	Con.	1	1.000	1.000	1.000	Con.	1
18		兴业县	1.000	1.000	1.000	Con.	1	1.000	1.000	1.000	Con.	1	1.000	1.000	1.000	Con.	1

续表

序号	地级市	县市区	2013 年					2014 年					2015 年				
			TE	PTE	SE	RTS	TE 排名	TE	PTE	SE	RTS	TE 排名	TE	PTE	SE	RTS	TE 排名
19	百色市	德保县	0.745	0.983	0.758	Dec.	46	0.904	1.000	0.904	Dec.	39	1.000	1.000	1.000	Con.	1
20		靖西市	0.662	0.995	0.665	Dec.	50	0.758	0.923	0.821	Dec.	49	1.000	1.000	1.000	Con.	1
21		乐业县	0.995	1.000	0.995	Inc.	26	1.000	1.000	1.000	Con.	1	1.000	1.000	1.000	Con.	1
22		凌云县	0.764	0.864	0.884	Dec.	44	1.000	1.000	1.000	Con.	1	1.000	1.000	1.000	Con.	1
23		隆林各族自治县	1.000	1.000	1.000	Con.	1	0.859	0.988	0.870	Dec.	41	1.000	1.000	1.000	Con.	1
24		那坡县	0.631	0.709	0.890	Dec.	52	1.000	1.000	1.000	Con.	1	1.000	1.000	1.000	Con.	1
25		平果县	1.000	1.000	1.000	Con.	1	1.000	1.000	1.000	Con.	1	1.000	1.000	1.000	Con.	1
26		田东县	1.000	1.000	1.000	Con.	1	0.929	1.000	0.929	Dec.	34	1.000	1.000	1.000	Con.	1
27		田林县	0.765	0.856	0.894	Dec.	43	0.907	0.958	0.946	Dec.	37	0.992	0.997	0.995	Inc.	28
28		田阳县	0.830	0.948	0.875	Dec.	37	0.841	0.950	0.885	Dec.	42	1.000	1.000	1.000	Con.	1
29		西林县	0.744	0.779	0.955	Dec.	47	1.000	1.000	1.000	Con.	1	0.967	0.998	0.968	Inc.	31
30		右江区	1.000	1.000	1.000	Con.	1	1.000	1.000	1.000	Con.	1	1.000	1.000	1.000	Con.	1
31	贺州市	八步区	1.000	1.000	1.000	Con.	1	1.000	1.000	1.000	Con.	1	1.000	1.000	1.000	Con.	1
32		富川瑶族自治县	0.844	0.880	0.959	Dec.	34	1.000	1.000	1.000	Con.	1	0.808	0.871	0.928	Dec.	46
33		昭平县	1.000	1.000	1.000	Con.	1	1.000	1.000	1.000	Con.	1	0.976	1.000	0.976	Dec.	30
34		钟山县	1.000	1.000	1.000	Con.	1	0.978	0.981	0.998	Dec.	32	1.000	1.000	1.000	Con.	1
35	河池市	巴马瑶族自治县	0.677	0.781	0.866	Dec.	49	1.000	1.000	1.000	Con.	1	0.809	0.812	0.997	Inc.	45
36		大化瑶族自治县	0.998	1.000	0.998	Inc.	25	1.000	1.000	1.000	Con.	1	0.953	0.965	0.988	Inc.	35

续表

序号	地级市	县市区	2013 年					2014 年					2015 年				
			TE	PTE	SE	RTS	TE 排名	TE	PTE	SE	RTS	TE 排名	TE	PTE	SE	RTS	TE 排名
37	河池市	东兰县	0.837	0.853	0.982	Inc.	36	1.000	1.000	1.000	Con.	1	0.919	0.933	0.984	Inc.	39
38		都安瑶族自治县	0.950	0.991	0.959	Dec.	27	1.000	1.000	1.000	Con.	1	0.956	1.000	0.956	Dec.	34
39		凤山县	0.837	0.930	0.900	Inc.	35	0.919	0.922	0.997	Inc.	36	1.000	1.000	1.000	Con.	1
40		环江毛南族自治县	1.000	1.000	1.000	Con.	1	1.000	1.000	1.000	Con.	1	0.870	0.912	0.954	Dec.	43
41		金城江区	1.000	1.000	1.000	Con.	1	0.794	0.985	0.806	Dec.	48	0.964	0.998	0.966	Dec.	32
42		罗城仫佬族自治县	0.926	0.941	0.984	Inc.	30	0.907	0.917	0.989	Dec.	38	0.769	0.770	0.998	Dec.	49
43		南丹县	0.910	1.000	0.910	Dec.	31	0.798	1.000	0.798	Dec.	47	0.716	1.000	0.716	Dec.	52
44		天峨县	0.633	0.772	0.819	Dec.	51	0.740	0.795	0.931	Dec.	50	0.803	0.809	0.992	Dec.	47
45	来宾市	合山市	1.000	1.000	1.000	Con.	1	1.000	1.000	1.000	Con.	1	1.000	1.000	1.000	Con.	1
46		金秀瑶族自治县	1.000	1.000	1.000	Con.	1	0.923	1.000	0.923	Dec.	35	0.959	1.000	0.959	Dec.	33
47		武宣县	0.937	1.000	0.937	Dec.	29	0.833	1.000	0.833	Dec.	43	0.944	1.000	0.944	Dec.	36
48		忻城县	0.754	0.942	0.800	Dec.	45	0.899	1.000	0.899	Dec.	40	0.733	0.935	0.784	Dec.	51
49	崇左市	大新县	0.858	1.000	0.858	Dec.	33	0.602	0.935	0.643	Dec.	51	0.768	0.973	0.789	Dec.	50
50		龙州县	0.787	0.849	0.927	Dec.	41	0.974	0.976	0.999	Dec.	33	0.801	0.855	0.937	Dec.	48
51		宁明县	0.875	0.931	0.940	Dec.	32	0.803	0.932	0.861	Dec.	46	0.851	0.891	0.955	Dec.	44
52		天等县	1.000	1.000	1.000	Con.	1	0.595	0.787	0.757	Dec.	52	1.000	1.000	1.000	Con.	1
		平均值	0.901	0.956	0.941			0.935	0.981	0.951			0.944	0.971	0.972		

二、基于县域层面的效率评价分析

首先，分析 2013 年财政扶贫调节居民收入分配的效率。DEA 的效率值介于 0~1。从平均水平来看，2013 年，广西 52 个贫困县财政扶贫调节居民收入分配的综合效率为 0.901，处于较高水平，其中，纯技术效率为 0.956、规模效率为 0.941。共有 24 个贫困县的综合效率为 1，达到了 DEA 有效，占所有贫困县的 46.15%；以马山县、融安县为代表的 7 个贫困县纯技术效率为 1，达到了 DEA 弱有效；其余 21 个县为 DEA 无效率状态，占全部贫困县的 40.38%。从综合效率高低排名来看，百色市那坡县排第 52 名，综合效率最低，只有 0.631，是所有贫困地区贫困水平的 70.03%，可见贫困县之间的综合效率差距较大。从纯技术效率来看，最低值为百色市那坡县的 0.709，为所有贫困地区平均值的 74.16%。规模效率最低的贫困县为百色市的靖西市，规模效率值为 0.665，是广西贫困地区平均值的 70.67%。2013 年，广西有 24 个贫困县处于规模报酬不变区域；有乐业、大化、东兰、凤山、罗城 5 个贫困县处于规模报酬递增区域；其余 23 个县处于规模报酬递减区域，占总数的 44.23%。

其次，分析 2014 年财政扶贫调节居民收入分配的效率。在 2014 年，广西 52 个贫困县中，有 31 个贫困县的综合效率为 1，实现了 DEA 有效，占总数的 59.62%，相比 2013 年提高了 13.47 个百分点。同时，有德保、田东、南丹、金秀、武宣、忻城 6 个县的纯技术效率为 1，实现了 DEA 弱有效。DEA 无效率的贫困县数量为 15 个，占总数的 28.85%，与 2013 年相比降低了 11.53 个百分点。可见，2014 年广西财政扶贫调节居民收入分配效率有了显著改善。2014 年，综合效率、纯技术效率、规模效率的平均值分别为 0.935、0.981、0.951，均高于 2013 年水平。这也进一步说明，2014 年广西财政扶贫收入分配调节效率相对于 2013 年而言，得到了有效的改善。2014 年，广西有 31 个贫困县处于规模报酬不变区域，1 个贫困县（河池市凤山县）处于规模报酬递增区域，其余 20 个县处于规模报酬递减区域、占总数的 38.46%。另外，还需要注意的是，崇左市天等县的综合效率为 0.595、纯技术效率为 0.787，均为全区最低值，为平均水平的 63.64% 和 80.22%；崇左市大新县的规模报酬为 0.643，为全区最低值，为平均水平的 67.61%。贫困县之间的财政扶贫调节收入分配效率差距明显，并且这种差距呈扩大趋势。

再次，分析 2015 年财政扶贫调节居民收入分配的效率。2015 年，广西财政扶贫调节居民收入分配的平均综合效率为 0.944，平均纯技术效率为 0.91，平均规模效率为 0.972，均比 2014 年有所提高，达到了较高效率水平。52 个贫困县中，共有 27 个贫困县的综合效率为 1，实现了 DEA 有效，与 2014 年相比数量有所降低；有 8 个县实现了 DEA 弱有效，其中 7 个县的纯技术效率为 1，1 个县（桂林市灌阳县）的规模效率为 1；DEA 无效的贫困县为 17 个，占总数的 32.69%，比 2014 年增加了 2 个贫困县，增加了 3.84 个百分点，不过与 2013 年相比，则仍然是减少的趋势。河池市南丹县的综合效率、规模效率均排名最后，两个值都为 0.716，是平均水平的 75.85%；而河池市罗城县的纯技术效率为 0.770，是所有贫困地区的最小值，为平均水平的 79.3%。与 2014 年相比，贫困县之间的财政扶贫调节收入分配效率差距有所缩小。另外，2015 年有 27 个贫困县处于规模报酬不变区域，7 个贫困县处于规模报酬递增区域，处于规模报酬递减区域的贫困县则减少到 18 个、占总数的 34.62%。

最后，分析 2013～2015 年财政扶贫调节居民收入分配效率的变化。基于综合效率来判断，从 2013～2015 年，广西财政扶贫调节收入分配效率一直处于较高水平，并且保持了连续增长。不过 2014 年和 2015 年的纯技术效率与规模效率存在此消彼长的关系。其中，纯技术效率由 0.981 下降到 0.971，而规模效率由 0.951 上升到 0.972，规模效率的涨幅高于纯技术效率的跌幅，从而维持了综合效率的增长。这主要是因为，随着扶贫的深入推进，剩下的都是"最难啃的骨头"，扶贫边际效益递减、脱贫攻坚难度不断增加，带来纯技术效率下降，而同时通过统筹整合财政涉农资金、撬动社会资金参与扶贫，带来规模效率提升，并维持了综合效率不变这一结果。值得一提的是南宁市邕宁区、柳州市三江县、桂林市龙胜县等 14 个贫困县连续三年实现 DEA 有效。尤其难能可贵的是，南宁的马山县和上林县、百色市的乐业县和凌云县从 2013 年的 DEA 无效状态，通过纯技术效率和规模效率的同步提升，在 2014 年、2015 年实现了 DEA 有效。与此相对应的是，也存在 11 个贫困县（比如柳州市灌阳县、梧州市苍梧县和蒙山县等）因为纯技术效率、规模效率的下降而陷入 DEA 无效状态。可见，对于具体的贫困县而言，纯技术效率和规模效率存在此消彼长的现象，并且贫困县之间财政扶贫调节收入分配效率差异较大，地区之间的效率水平不够均衡。另外，在每年 DEA 无效的贫困县中，位于规模报酬递增区域的贫困县数量远少于位于规模报酬递减区域的贫困县数量，这反映出当前财政扶贫资金的分配面临着规模不足与规模冗余并存的矛盾。优化财政扶贫资金分配结构，有效化解这一矛盾，应该成为未来进一步改善财政扶贫调节收入分配效率的重点工作方向。

三、基于市域层面的效率评价分析

广西 52 个贫困县分属于 12 个地级市。在前面的分析中，发现财政扶贫调节收入分配的效率在县域层面存在较大差异，那么在地级市域层面会是什么样的情况呢？为此，我们将表 5 - 2 中的数据按贫困县所属地级市进行归集，并以地级市所有贫困县的综合效率、纯技术效率和规模效率的平均值代表该地级市的效率水平，计算结果如表 5 - 3 所示，以此为基础进一步分析判断不同地级市财政扶贫调节收入分配的效率水平。

2013 年，广西 12 个地级市财政扶贫调节收入分配的综合效率为 0.929，达到了较高水平，其中，防城港、贵港、玉林 3 个市的财政扶贫调节收入综合效率值为 1，实现了 DEA 有效，占总数的 1/4。百色市的综合效率为 0.845，为最低值，是平均水平的 90.96%；纯技术效率的最低值为河池市的 0.927，是平均水平 0.972 的 95.37%；规模效率的最低值为柳州市的 0.909，是平均水平 0.954 的 95.28%。

2014 年，广西地级市层面财政扶贫调节收入分配的纯技术效率和规模效率分别增长到 0.948、0.987，带动综合效率提高到 0.959。共有 6 个地级市综合效率为 1，达到了 DEA 有效，占地级市总数的 50%。除了防城港、贵港、玉林 3 市继续保持 DEA 有效之外，南宁、桂林和梧州 3 个地级市在纯技术效率和规模效率同步增长的带动下，共同实现了 DEA 有效。另外，来宾市纯技术效率为 1，但规模效率不足，达到了 DEA 弱有效。崇左市的综合效率为 0.743、纯技术效率为 0.907、规模效率为 0.815，分别占全区平均水平的 77.48%、95.68%、82.57%，均为相应效率中的最低值。从综合效率排名来看，来宾因为规模效率下降，崇左因为纯技术效率与规模效率同步下降，造成二者 2014 年的综合效率出现下滑，综合效率排名下跌。

2015 年，广西 12 个地级市财政扶贫调节收入分配的综合效率继续保持了增长，达到 0.953，不过纯技术效率与规模效率出现了此消彼长的现象。桂林因为纯技术效率下滑，由 DEA 有效转变为 DEA 弱有效状态；南宁和梧

表5-3　　2013~2015年广西各地级市财政扶贫调节居民收入分配的效率水平

序号	地级市	2013年				2014年				2015年			
		TE	PTE	SE	综合效率排名	TE	PTE	SE	综合效率排名	TE	PTE	SE	综合效率排名
1	南宁市	0.919	0.985	0.931	8	1.000	1.000	1.000	1	0.971	0.976	0.994	6
2	柳州市	0.876	0.964	0.909	11	0.878	0.989	0.887	11	0.942	0.987	0.954	9
3	桂林市	0.923	0.982	0.937	7	1.000	1.000	1.000	1	0.997	0.997	1.000	4
4	梧州市	0.943	0.977	0.964	5	1.000	1.000	1.000	1	0.946	0.975	0.971	7
5	防城港市	1.000	1.000	1.000	1	1.000	1.000	1.000	1	1.000	1.000	1.000	1
6	贵港市	1.000	1.000	1.000	1	1.000	1.000	1.000	1	1.000	1.000	1.000	1
7	玉林市	1.000	1.000	1.000	1	1.000	1.000	1.000	1	1.000	1.000	1.000	1
8	百色市	0.845	0.928	0.910	12	0.933	0.985	0.946	8	0.997	1.000	0.997	5
9	贺州市	0.961	0.970	0.990	4	0.995	0.995	0.999	7	0.946	0.968	0.976	8
10	河池市	0.877	0.927	0.942	10	0.916	0.962	0.952	9	0.876	0.920	0.955	11
11	来宾市	0.923	0.986	0.934	6	0.914	1.000	0.914	10	0.909	0.984	0.922	10
12	崇左市	0.880	0.945	0.931	9	0.743	0.907	0.815	12	0.855	0.930	0.920	12
	平均值	0.929	0.972	0.954		0.948	0.987	0.959		0.953	0.978	0.974	

州则是因为纯技术效率与规模效率的双下降，导致出现 DEA 无效；防城港、贵港、玉林则继续保持了 DEA 有效。百色纯技术效率为1，达到了 DEA 弱有效。从综合效率排名来看，贺州、河池、来宾则因为纯技术效率或规模效率的下降，拉低了综合效率，造成排名下跌。崇左市的综合效率为0.855、纯技术效率为0.930、规模效率为0.920，与2014年相比，均有所提高，但仍为2015年的最低值，分别是平均值的89.72%、95.09%、94.46%，地级市之间的效率差距在缩小。

从地级市2013～2015年的数据变化可以发现，随着时间的推移，财政扶贫资金规模不断扩大，财政扶贫调节收入分配的效率维持在较高水平，并实现了持续增长。地级市之间的各类效率差距明显，并呈现出动态变化，这反映出各个贫困县财政扶贫对收入分配调节作用还不稳定，协同性也不够。分析 DEA 无效的城市，比如贺州、河池等，可以发现规模效率是高于纯技术效率的，即纯技术效率对综合效率的制约要大于规模效率，这意味着导致财政扶贫调节收入分配效率不佳的原因不仅在于扶贫资金规模，更在于由扶贫资金使用、管理、帮扶措施本身造成的纯技术效率偏低。随着精准扶贫方略的持续推进，不管是中央财政还是省级财政，扶贫专项资金规模增长迅速，在这一背景下，设计好扶贫项目，用好资金，做到"真扶贫""扶真贫"，意义更加明显。

为了进一步刻画12个地级市财政扶贫调节居民收入分配效率的差异情况，我们基于2015年的实证结果以纯技术效率为横轴、规模效率为纵轴，画出了如图5-1所示的散点图。图中防城港、玉林、贵港三点重合。

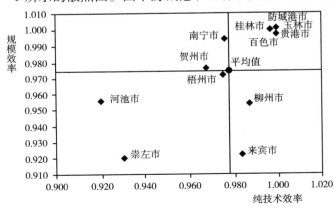

图 5 - 1　2015 年广西 12 个地级市财政扶贫调节居民收入分配绩效比较

图 5－1 描绘出了 2015 年广西各地级市财政扶贫调节居民收入分配的效率图谱。各地级市的效率平均值将 12 个城市划分为四个象限。第一象限为纯技术效率高、规模效率高的城市，有防城港、玉林和贵港三个城市实现了 DEA 有效、桂林市和百色市实现了 DEA 弱有效。其中，前面三个城市持续三年实现了 DEA 有效，说明财政扶贫调节居民收入分配效率相对理想。第二象限为：纯技术效率低、规模效率高的城市，有南宁、贺州，未来应主要着眼于财政扶贫技术层面的改善，比如，调整扶贫资金的配置、加强资金使用监管、提高财政扶贫的精准度等。第四象限则为纯技术效率高、规模效率低的城市，有柳州、来宾，未来应重点提高规模效率。不过，财政扶贫资金的规模效率偏低，不一定是资金规模不够，也有可能是资金冗余造成的，要结合贫困地区扶贫项目的实际需要来投入扶贫资金，提高单位财政扶贫资金对居民收入的影响。第三象限则为纯技术效率低且规模效率低的城市，有梧州、河池、崇左，属于未来提升财政扶贫调节收入分配效率的重点与难点，在精准扶贫新阶段应该努力实现纯技术效率和规模效率的同步提升。

四、关于规模报酬递减的现实依据

通过 DEA 分析可以发现，有些贫困县的规模报酬处于递增状态，但更多的贫困县规模报酬都处于递减的状态，这意味着存在扶贫资金规模不足与规模冗余并存的矛盾。当然了，规模冗余并不一定代表财政扶贫资金投入过量，也有可能是，精准扶贫背景下大量财政资金和精准扶贫资金到位，但是扶贫项目开展比较缓慢，比如绝大部分工程项目是先垫付后结账，存在一定滞后性，导致投入与产出不能及时准确匹配。这进一步验证了前面提到的财政扶贫资金分配结构尚不合理的问题。另外，导致规模报酬递减的原因，可能就是纯技术效率的影响了，尤其是资金漏出可能对规模效率带来了较大的负面影响。

从现实情况来看，近几年广西财政扶贫资金漏损还是比较严重的，可以在一定程度上为实证结果提供现实论据。比如，2015 年 8 月，审计署在跟踪审计广西落实中央扶贫政策情况时发现，马山县在精准扶贫过程中存在工作不到位，3119 人不符合扶贫建档立卡标准，非贫困对象享受扶贫政策，揭开了问题的"冰山一角"。时任广西壮族自治区审计厅厅长何小聪先后在《关于 2015 年度自治区本级预算执行和其他财政收支的审计工作报告》《关于

2016 年度自治区本级预算执行和其他财政收支的审计工作报告》中，对审计中发现的财政扶贫资金挤占、挪用、骗取、贪污等问题进行了更深刻的披露。其中，2015 年对全区 29 个国定贫困县（含享受待遇的合山市）在 2013 ~ 2014 年财政扶贫资金的分配、管理和使用进行审计发现，有 22 个县（市）违规向非建档立卡贫困户实施扶贫政策扶持，涉及金额 5122.25 万元；有 7 个县 11 家单位公职人员涉嫌贪污扶贫资金 248.77 万元；19 个县存在企业骗取、套取扶贫资金情况，涉及金额 2241.96 万元。2016 年对大化瑶族自治县等 5 个国定贫困县扶贫资金分配管理使用情况进行审计发现，有 3 个县将 517 名不符合建档立卡条件的人员列为扶贫对象；有 4 个县向不符合条件对象发放扶贫资助 85.17 万元；有 1 个县将扶贫资金用于其他非扶贫项目及扶贫办办公经费 751.88 万元。另据 2017 年 12 月 2 日凤凰网报道，经桂林市纪检监察机关统计，一年多来当地共有 1100 多名干部主动向纪委交代问题，上缴违纪款 1689 万元。[①] 这既是反映桂林市开展扶贫领域执纪监督专项工作的一个缩影，同时，也是折射扶贫领域腐败问题的一面镜子。

虽然广西财政扶贫资金漏损情况有所好转，但仍然不能掉以轻心。这在一定程度上也解释了广西财政扶贫调节收入分配的纯技术效率出现下降的原因。要改善广西财政扶贫调节收入分配的规模报酬，提高财政扶贫调节居民收入分配效率，在精准扶贫新阶段必须要更加密切关注扶贫的纯技术效率，减少资金渗漏。

五、财政扶贫调节收入分配的效率判定

经过精准扶贫方略的实施，我国农村脱贫攻坚取得了巨大成绩，也赢得了不菲的声誉，广西亦然。在精准扶贫背景下，不管是中央财政，还是地方财政，扶贫专项资金投入力度不断加大，加强财政扶贫调节居民收入分配效率研究具有重要现实意义，不仅可以为相关实践提供理论依据，而且也是精准扶贫理念的必然要求。基于 DEA 方法构建实证模型，以广西 52 个贫困县为研究对象，运用 2013 年、2014 年、2015 年的数据对广西财政扶贫调节居民收入分配的效率进行分析评价，结果发现：广西财政扶贫调

---

① 凤凰网：《广西桂林千余干部主动交代扶贫领域腐败问题》，http://news.ifeng.com/a/20171202/53795703_0.shtml。

节贫困地区收入分配的综合效率较高，并且实现了持续增长。不过，纯技术效率和规模效率存在此消彼长的情形。综合来看，52 个贫困县中财政扶贫调节收入分配能够实现 DEA 有效的约占 70%，DEA 无效的 30% 左右。从地级市来看，防城港、玉林、贵港的财政扶贫提交收入分配的效率相对较高，而梧州、河池、崇左相对较低。不管是从县域层面，还是从市域层面来看，地区间财政扶贫调节居民收入分配绩效存在较大差距，调节作用的协同性还不够理想。对于大多数城市而言，制约财政扶贫调节居民收入分配效率的主要原因在于纯技术效率，而不是资金规模不足，精准扶贫新阶段应该努力做好扶贫资金使用、管理，完善帮扶措施。广西财政扶贫资金分配结构存在扶贫资金规模不足与规模冗余并存的矛盾。虽然广西财政扶贫资金漏损情况有所好转，但仍然不能掉以轻心。扶贫资金漏出，导致纯技术效率下降，并造成了规模报酬递减，降低收入分配调节效率。要改善广西财政扶贫调节居民收入分配效率，在精准扶贫新阶段必须要更加密切关注扶贫的纯技术效率，减少资金渗漏，提升财政扶贫资金使用效率的同时，结合扶贫项目的实际需要投入必要规模的资金，避免出现资金规模冗余或不足，提高财政扶贫资金的规模效率。

无论财力强弱，财政专项扶贫资金都是稀缺资源，提高财政调节收入分配效率事关精准扶贫方略的实施，也是观察精准扶贫是否"精准"的重要窗口。随着精准扶贫新阶段的到来，广西相关部门应加强财政扶贫调节居民收入分配效率评价研究，并基于评价结果总结反思当前的精准扶贫政策措施，合理分配扶贫资金，对资金投向进行必要的调整，强化资金监管，完善脱贫考核的激励机制，切实提高调节收入分配的效率，充分发挥财政在精准扶贫中的主导作用。

第三节　财政扶贫调节收入分配效率的影响因素

本章第一节、第二节已经运用 DEA 分析对财政扶贫调节收入分配的效率进行了定量评价，并尝试对评价结果进行定量分析。本节将在原有研究的基础上，基于相关面板数据运用 Tobit 进一步探究影响财政扶贫调节收入分配效率的主要因素与运行机制，进而为相关政策建议提供更有力的论据支撑。

一、变量选择与数据处理

本部分的研究目的是分析影响财政扶贫调节收入分配效率的主要因素，因此，将以前面计算得到的效率评价值包括综合效率（TE）、纯技术效率（PTE）、规模效率（SE）作为被解释变量。解释变量主要包括规模企业绩效、第一产业结构、纯固定投资、人均 GDP、逆财政自给度、农作物播种率、公路覆盖率、低保覆盖率。各个变量的含义与计算方法如表 5 – 4 所示。

表 5 – 4　　　　　　　　　变量的定义与计算方法

因素名称	变量名称	定义和计算方法
财政扶贫调节收入分配效率	TE/ PTE/SE	由 DEA 评价获得
规模企业绩效（亿元）	Performance	规模以上工业企业总产值/企业数量
第一产业结构	Industry	第一产业产值/GDP
纯固定投资（十亿元）	Investment	固定资产投资—房地产开发投资
人均 GDP（万元）	perGDP	GDP/常住人口
逆财政自给度	Sufficiency	财政支出与收入差额/财政支出
农作物播种率	Seed	农作物播种面积/行政区域面积
公路覆盖率	Road	公路长度里程/行政区域面积
低保覆盖率	Allowance	城镇与农村低保人数/常住人口

（1）规模企业绩效：为贫困地区规模以上工业企业的平均总产值。产业扶贫是扶贫的主要路径之一。为了鼓励企业承担扶贫社会责任，各个地方政府出台了形式多样、内容丰富的政策优惠与扶持措施，例如《国家税务总局关于"公司＋农户"经营模式企业所得税优惠问题的公告》。那么，这些企业的绩效会不会影响到财政扶贫调节收入分配的效率呢？因此，有必要将规模企业绩效作为解释变量进行检验。

（2）第一产业结构：在贫困地区的产业结构中，农业仍然占有主导地位。在实证研究中，产业结构主要是作为调节变量来使用的。

（3）纯固定投资：用扣除了房地产开发投资之后的纯固定投资来衡量。不管是罗森斯坦·罗丹的"大推进"理论，还是缪尔达尔的"低水平均衡陷阱"理论，均反复强调了大规模资本投资对于地区经济增长的重要性。

（4）人均 GDP：经济增长历来被认为是脱贫的重要驱动力，所以，有必要检验一下经济增长速度对于财政扶贫调节收入分配效率的影响。

（5）逆财政自给度：用于反映贫困地区财政自给能力。一般而言，财政自给能力越强，也就是逆财政自给度越小，地区可以用于专项扶贫的财政资源就越多。

（6）农作物播种率：贫困人口往往是以从事农业生产为主，农业经营收入是他们的主要收入来源。农作物播种率既反映了他们的农业生产规模，也反映了当地的贫困面，农作物播种率越高，从事农业生产的人口越大，贫困人口也会相应越多。

（7）公路覆盖率：基础设施建设是财政扶贫资金的重点投资领域，用公路覆盖率反映贫困地区基础设施建设情况，也可以代表财政扶贫资金的投向。

（8）低保覆盖率：享受低保的人口规模越大，则说明当地贫困面越广。与农作物播种率一样，可以反映地区贫困程度和扶贫开发的基础。

被解释变量的数据来源于前面 DEA 分析结果。解释变量的数据是根据 2014 年、2015 年、2016 年《广西统计年鉴》中 52 个贫困县的相关数据，进行计算整理得到。各个变量的描述性统计结果如表 5 - 5 所示。

表 5 - 5　　　　　　　　　解释变量与被解释变量的描述性统计

变量	均值	中位数	标准差	最小值	最大值	样本量
TE	0.927	1	0.104	0.595	1	156
PTE	0.969	1	0.0600	0.709	1	156
SE	0.954	1	0.0750	0.643	1	156
规模企业绩效	2.602	2.102	2.304	0.130	13.72	156
第一产业结构	0.267	0.275	0.0930	0.102	0.452	156
纯固定投资	6.567	5.067	5.434	0.207	35.85	156
人均 GDP	2.028	1.905	0.926	0.517	5.541	156
逆财政自给度	0.799	0.813	0.107	0.405	0.954	156
农作物播种率	0.206	0.196	0.110	0.0640	0.537	156
公路覆盖率	0.442	0.431	0.172	0	1.077	156
低保覆盖率	0.124	0.111	0.0660	0.0210	0.349	156

二、模型构建与回归结果

根据 DEA 分析评价可知，财政扶贫调节收入分配效率的取值范围被限制在 0 ~ 1，这是具有截取特征的回归模型，不能使用普通最小二乘法估计回归系数，而遵循最大似然法概念的 Tobit 模型就成为估计回归系数的一个较好选择。对于因变量是介于 0 ~ 1 之间的归并（censored），且与回归因子有关的数据，托宾（Tobin，1958）运用 MLE 估计其概率密度函数，基本模型为：

$$y_{it}^* = X_{it}\beta + \alpha_i + \varepsilon_{it}, y_{it} = \max(0, y_{it}^*) \quad i = 1, \cdots, N \quad t = 1, \cdots, T$$

其中，$\varepsilon_{it} \sim N(0, \sigma_{\varepsilon,t}^2)$。

本书选取的面板数据，假设个体效应可表示为：

$$\alpha_i = \overline{X}_i \gamma + \mu_i$$

$$\overline{X}_i = \frac{1}{T}\sum_{s=1}^{T} X_{is}, \mu_i \sim N(0, \sigma_\mu^2)$$

则具有个体特殊效应的面板模型可记为：

$$y_{it}^* = X_{it}\beta + \overline{X}_i\gamma + \mu_{it}$$

$$y_{it} = \max(0, y_{it}^*) \quad i = 1, \cdots, N \quad t = 1, \cdots, T$$

其中，$\mu_{it} \sim N(0, \sigma_t^2)$，$\sigma_t^2 = \sigma_\mu^2 + \sigma_{\varepsilon,t}^2$。模型的估计方法为：

$$\hat{\theta}_t = \arg\max_\theta \sum_{i=1}^{N}\left((1 - I_{(0,\infty)}(y_{it}))\ln(L_{it}^1) + I_{(0,\infty)}(y_{it})\ln(L_{it}^2)\right)$$

其中：$\theta_t = (\beta_t, \gamma_t, \sigma_t)$

$$L_{it}^1 = \Phi\left(\frac{-(X_{it}\beta + \overline{X}_i\gamma)}{\sigma_t}\right)$$

$$L_{it}^2 = \frac{1}{\sigma_t}\varphi\left(\frac{-(X_{it}\beta + \overline{X}_i\gamma)}{\sigma_t}\right), I_{(0,\infty)} = \begin{cases} 1 \text{ if } & y_{it} \geq 0 \\ 0 \text{ if } & y_{it} < 0 \end{cases}$$

其中，Φ、φ 分别表示概率分布函数与概率密度函数。

采用层次回归的建模思路，基于极大似然估计方法的 Tobit，构建财政扶贫调节收入分配效率（TE）模型，并估计模型参数。首先，根据本章第一节、第二节的理论分析、DEA 效率值组成结构，仅选取第一产业结构、农作物播种率来控制 DEA 内部结构因素的影响；其次，在此基础上逐步引入对效率值可能存在影响的经济类变量，比如规模企业绩效、纯固定投资、人均GDP、逆财政自给度，构建得到了模型（5 - 2）；再次，考虑到不同贫困地区的财政扶贫基础是具有异质性的，便先后引入了公路覆盖率、低保覆盖率，构建出模型（5 - 3）；最后，观察发现企业绩效在模型（5 - 2）、模型（5 - 3）中显著负相关，为了进一步检验是什么因素导致了企业绩效与财政扶贫调节收入分配效率的负相关，便在模型（5 - 4）中构建交互项，通过交互项系数发现是当地第一产业结构影响了上述负相关关系的强度。具体模型见式（5 - 1）~式（5 - 4），回归结果如表 5 - 6 所示。

表 5 - 6　　财政扶贫调节收入分配综合效率（TE）的 Tobit 面板随机拟合结果

变量	模型（5 - 1） TE	模型（5 - 2） TE	模型（5 - 3） TE	模型（5 - 4） TE
Performance		- 0.0256 *** (0.00977)	- 0.0211 ** (0.00903)	- 0.0508 *** (0.0149)
Industry	- 0.169 (0.229)	- 0.160 (0.279)	0.143 (0.273)	0.0174 (0.254)
Industry * Performance				- 0.228 ** (0.105)
Investment		0.0168 *** (0.00625)	0.0150 ** (0.00582)	0.0137 *** (0.00514)
perGDP		0.00604 (0.0285)	0.0265 (0.0291)	0.0501 * (0.0291)
Sufficiency		- 0.0180 (0.254)	0.0383 (0.238)	- 0.121 (0.238)
Seed	0.406 * (0.211)	0.0960 (0.196)	- 0.474 ** (0.226)	- 0.368 * (0.208)
Road			0.573 *** (0.140)	0.592 *** (0.135)
Allowance			- 0.655 ** (0.318)	- 0.511 * (0.273)
Constant	0.972 *** (0.0776)	0.995 *** (0.271)	0.776 *** (0.272)	0.898 *** (0.268)
Observations	156	156	156	156

续表

变量	模型（5-1） TE	模型（5-2） TE	模型（5-3） TE	模型（5-4） TE
Numberofarea	52	52	52	52
个体效应的标准差 sigma_u	0.1144	0.0717	0.0577	0.0000
随机干扰项的标准差 sigma_e	0.1480	0.1530	0.1450	0.1531
个体效应的方差占混合误差方差的比重 rho	0.3739	0.1802	0.1365	0.0000
对数似然值 Loglikelihood	-27.7023	-20.6146	-10.7196	-6.5712
Wald 检验 Waldchi2	4.23	17.70	33.78	41.26
Wald 检验 P 值 Prob > chi2	0.121	0.007	0.000	0.000
LR 检验 LR test of sigma_u	12.270	2.590	1.330	0.000
LR 检验 P 值 Prob > = chibar2	0.000	0.054	0.125	1.000

注：被解释变量为 TE；括号内为标准误；*** 、** 、* 分别表示在1%、5%、10%显著性水平下拒绝原假设。

（1）控制影响财政扶贫调节收入分配效率 DEA 算法内部结构因素（第一产业结构 Industry、农作物播种率 Industry）的模型：

$$TE_{it} = \beta_0 + \beta_1 \cdot Industry_{it} + \beta_2 \cdot Seed_{it} + \mu_{it} \quad (5-1)$$

（2）加入影响财政扶贫调节收入分配效率经济类因素（规模企业绩效 Performance、纯固定投资 Investment、人均 GDP perGDP、逆财政自给度 Sufficiency）的模型：

$$TE_{it} = \beta_0 + \beta_1 \cdot Performance_{it} + \beta_2 \cdot Industry_{it} + \beta_3 \cdot Investment_{it}$$
$$+ \beta_4 \cdot perGDP_{it} + \beta_5 \cdot Sufficiency_{it} + \beta_6 \cdot Seed_{it} + \mu_{it} \quad (5-2)$$

（3）加入影响财政扶贫调节收入分配效率的其他类因素（公路覆盖率 Road、低保覆盖率 Allowance）模型：

$$TE_{it} = \beta_0 + \beta_1 \cdot Performance_{it} + \beta_2 \cdot Industry_{it} + \beta_3 \cdot Investment_{it}$$
$$+ \beta_4 \cdot perGDP_{it} + \beta_5 \cdot Sufficiency_{it} + \beta_6 \cdot Seed_{it} + \beta_7 \cdot Road_{it}$$
$$+ \beta_8 \cdot Allowance_{it} + \mu_{it} \quad (5-3)$$

（4）加入交互项（第一产业结构×规模企业绩效）以检验调节效应的模型：

$$TE_{it} = \beta_0 + \beta_1 \cdot Performance_{it} + \beta_2 \cdot Industry_{it} + \beta_3 \cdot Industry_{it} \times Performance$$
$$+ \beta_4 \cdot Investment_{it} + \beta_5 \cdot perGDP_{it} + \beta_6 \cdot Sufficiency_{it} + \beta_7 \cdot Seed_{it}$$
$$+ \beta_8 \cdot Road_{it} + \beta_9 \cdot Allowance_{it} + \mu_{it} \qquad (5-4)$$

反映模型整体显著性的 Waldchi2 与对数似然值 Loglikelihood 通过检验，伴随 P 值中除了模型（5-1）之外，其余均通过了显著性检验，拒绝模型回归系数为常熟的原假设，即选择随机系数模型拟合是恰当的。未通过 Wald 检验（P 值大于 0.1）之外，其余模型拟合程度较好。模型（5-4）似然比检验的 P 值等于 1，表明面板估计量（Xttobit）与混合估计量（Tobit）无显著区别，同时，面板方差成分对总方差的贡献为 0，说明组内自相关比较小，说明采用 Tobit 面板随机模型设定偏误较小，构建个体随机效应的面板 Tobit 模型是可以接受的。

三、结果解释

（1）规模企业绩效变量 Performance。模型（5-2）、模型（5-4）均通过了 1% 水平的显著性检验，模型（5-3）通过了 5% 水平的显著性检验。拟合结果表明，规模企业绩效与财政扶贫调节收入分配效率负相关。以第一产业结构进行调节之后，符号没有发生改变，但系数绝对值在变大，置信区间也产生了相应变化。规模企业绩效对财政扶贫调节收入分配效应效率的影响，由于第一产业结构这个调节变量的存在，置信区间在 95% 水平上发生的变化，如图 5-2 所示。

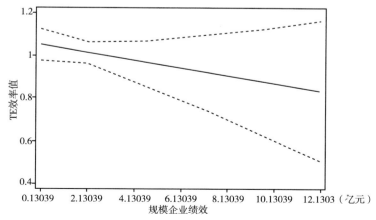

图 5-2　规模企业绩效对效率值在 95% 置信区间的影响

（2）交互项变量 Industry × Performance。模型（5-4）中，交互项变量在 5% 水平上显著负相关，意味着第一产业中规模以上企业绩效对于财政扶贫调节收入分配效率具有反向作用。显然，第一产业结构作为调节变量只影响了规模企业绩效的作用强度，并没有影响到方向。引入调节变量之后，模型（5-4）中规模企业绩效系数的绝对值要大于模型（5-3），说明规模企业绩效对财政扶贫调节收入分配效率的负强化效应主要来源于第一产业中的规模以上企业。从实践来看，在精准扶贫背景下，虽然大量的产业扶贫政策得到实施推广，但是，在市场机制作用下，困难群众主要是通过为企业打工或者出售农产品的途径来获取有限收益，而"公司+农户"等影响收入分配的政策收益被产业内企业拿走。企业规模越大，尤其是龙头企业，获取政策优惠和财政扶持的能力越强，而承担的扶贫社会责任并不匹配，最后导致产业扶贫的效果并没有预期般美好。这也就是财政扶贫调节收入分配效率与第一产业规模企业绩效明显负相关的主要原因。

（3）纯固定投资变量 Investment。从显著性来看，纯固定投资在模型（5-2）、模型（5-4）中，均通过了 1% 水平的显著性检验，在模型（5-3）中则通过了 5% 水平的显著性检验。从符号来看，纯固定投资对财政扶贫调节收入分配效率起到了正向促进作用。扣除房地产之外的固定投资规模越大，越有利于贫困地区实体经济加快发展，进而改善财政扶贫调节收入分配效率。

（4）人均 GDP 变量 perGDP。人均 GDP 代表的是地区经济发展水平。如同本书在研究现状述评中所指出的，由于城乡之间和农村内部收入差距的扩大，经济增长带来的扶贫效应在不断被抵消。不过，实证发现，模型（5-4）中人均 GDP 在 10% 水平上显著，这说明，经济增长对于财政扶贫调节收入分配效率仍然有一定贡献，但影响并不如预期理想。

（5）逆财政自给度变量 Sufficiency。在模型（5-2）、模型（5-4）中符号为负，这说明逆财政供给度越高，即财政自给度越低，财政扶贫调节收入分配效率越低。这是因为逆财政自给度反映的是贫困县财政自给能力，其值越高，说明财政自给能力越弱，不仅意味着财政专项扶贫资金保障能力优先，而且截留、挪用专项扶贫的动力就越强。不过，在所有模型中，逆财政自给度变量均不显著，表明全面实施精准扶贫方略后，中央和省级财政优先保障并不断加大扶贫投入，整体上有效地满足了扶贫资金需求。

（6）农作物播种率变量 Seed。在模型（5-3）、模型（5-4）中，农作物播种率分别在 5%、10% 水平上显著，并且符号均为负，表明农作物播种率越高，财政扶贫调节收入分配效率反而越低。这一方面是因为农作物播种率越高，意味着务农人员越多，与非农业相比，农业的经营效益相对要低，发展农业脱贫的效果自然要差一些，这一点其实在规模以上企业绩效这个变量上已经得到了印证。另一方面，农业人口越多，也就意味着贫困人口越多，脱贫攻坚难度越大。

（7）公路覆盖率变量 Road。在模型（5-3）、模型（5-4）中，公路覆盖率均在1%水平上显著，并与财政扶贫调节收入分配效应呈正相关关系，说明公路里程越大，财政扶贫调节收入分配效率越高。公路覆盖率高，不仅意味着贫困地区交通基础设施条件好，物流出行便利，脱贫基础较好，还意味着得到的基础投资规模大，对经济发展的溢出效应明显，使得财政扶贫调节收入分配效率得到提升。

（8）低保覆盖率变量 Allowance。在模型（5-3）、模型（5-4）中，低保覆盖率分别在5%、10%水平上显著，并且符号均为负，表明低保覆盖率越高，财政扶贫调节收入分配效率反而越低。与农作物播种率变量类似，低保覆盖率在一定程度上反映了扶贫基础，值越高，说明享受低保的困难群众越多，贫困规模越大，脱贫难度自然越大；另一方面，低保兜底毕竟属于"输血式"扶贫，对于改变贫困人口自发性脱贫能力作用有限，所能起到的增收效果自然不足。

四、稳健性检验

综合来看，基于 Tobit 面板随机模型的回归结果来看，与财政扶贫调节收入分配效率正相关的影响因素主要有：贫困地区纯固定资产投资规模、公路里程数、地区经济发展；与财政扶贫调节收入分配效率负相关的影响因素主要有：第一产业规模以上企业绩效、农作物播种面积、低保覆盖率；逆财政自给率对于财政调节收入分配效率的影响则不显著。为了判断这些结论的合理性，同时了解这些因素的内在作用机制，特地利用财政扶贫调节收入分配的纯技术效率（PTE）、规模效率（SE）做进一步的稳健性检验。具体模型见式（5-5）、式（5-6），检验结果如表5-7所示。

$$
\begin{aligned}
\text{PTE}_{it} = {} & \beta_0 + \beta_1 \cdot \text{Performance}_{it} + \beta_2 \cdot \text{Industry}_{it} + \beta_3 \cdot \text{Industry}_{it} \times \text{Performance} \\
& + \beta_4 \cdot \text{Investment}_{it} + \beta_5 \cdot \text{perGDP}_{it} + \beta_6 \cdot \text{Sufficiency}_{it} + \beta_7 \cdot \text{Seed}_{it} \\
& + \beta_8 \cdot \text{Road}_{it} + \beta_9 \cdot \text{Allowance}_{it} + \mu_{it}
\end{aligned}
\tag{5-5}
$$

$$SE_{it} = \beta_0 + \beta_1 \cdot Performance_{it} + \beta_2 \cdot Industry_{it} + \beta_3 \cdot Industry_{it} \times Performance$$

$$+ \beta_4 \cdot Investment_{it} + \beta_5 \cdot perGDP_{it} + \beta_6 \cdot Sufficiency_{it} + \beta_7 \cdot Seed_{it}$$

$$+ \beta_8 \cdot Road_{it} + \beta_9 \cdot Allowance_{it} + \mu_{it} \tag{5-6}$$

表 5 – 7 财政扶贫调节收入分配 PTE 和 SE 的 Tobit 面板随机拟合结果

变量	模型 (5 – 5) PTE	模型 (5 – 6) SE
Performance	– 0. 0329 *** (0. 0126)	– 0. 0316 ** (0. 0124)
Industry	– 0. 248 (0. 203)	0. 167 (0. 215)
Industry × Performance	– 0. 160 * (0. 0868)	– 0. 173 ** (0. 0867)
Investment	0. 00695 (0. 00453)	0. 0100 ** (0. 00409)
perGDP	– 0. 00214 (0. 0232)	0. 0487 ** (0. 0240)
Sufficiency	– 0. 399 * (0. 215)	0. 0918 (0. 179)
Seed	– 0. 265 (0. 171)	– 0. 233 (0. 176)
Road	0. 327 *** (0. 102)	0. 396 *** (0. 105)
Allowance	– 0. 643 *** (0. 220)	– 0. 291 (0. 243)
Constant	1. 457 *** (0. 231)	0. 708 *** (0. 206)
Observations	156	156
Numberofarea	52	52
个体效应的标准差 sigma_u	0. 0387	0. 0522
随机干扰项的标准差 sigma_e	0. 0968	0. 1020
个体效应的方差占混合误差方差的比重 rho	0. 1380	0. 2075
对数似然值 Loglikelihood	3. 5506	15. 1774
Wald 检验 Waldchi2	33. 20	26. 85
Wald 检验 P 值 Prob > chi2	0. 000	0. 002
LR 检验 LR test of sigma_u	1. 000	2. 870
LR 检验 P 值 Prob > = chibar2	0. 159	0. 045

注：被解释变量为 TE；括号内为标准误；*** 、 ** 、 * 分别表示在1% 、5% 、10% 显著性水平下拒绝原假设。

从模型（5-5）、模型（5-6）来看，各个解释变量的拟合结果与模型（5-4）基本保持了一致，这有效地说明了各个解释变量对于财政扶贫调节收入分配效率的影响具有显著性和稳健性。通过稳健性检验可以发现，第一产业中规模以上企业绩效同时与纯技术效率和规模效率显著负相关；纯固定资产投资、人均 GDP 与规模效率显著正相关；逆财政自给度与纯技术效率弱负相关；公路覆盖率与纯技术效率、规模效率同时高度正相关；低保覆盖率与纯技术效率高度负相关；农作物播种率对纯技术效率、规模效率的影响均不显著。

通过模型拟合和稳健性检验，可以发现，正向影响财政扶贫调节收入分配效率的因素有贫困地区以实体经济为核心的投资规模、公路基础设施、地区经济发展水平等，它们对于改善财政扶贫调节收入分配效率具有积极影响。而第一产业规模以上企业绩效、低保覆盖率则对财政扶贫调节收入分配效率呈负相关，主要是由于这两项帮扶措施在实践中被异化和扭曲，益贫性不够，反而制约了调节效率。这将为我们进一步提高财政扶贫调节收入分配效率提供必要的政策设计依据。在财政扶贫实践中除了进一步发挥相关影响因素的正向效应之外，应该进一步提高产业扶贫的精准性，切实保障和提高贫困人口获益水平，与此同时，强化低保待遇的识别及动态监管。

第六章 改善财政扶贫收入分配效应的政策建议

本书首先从理论层面基于财政影响收入分配的作用机理对财政扶贫收入分配效应的内涵进行了解析；其次，对我国贫困现状、财政扶贫实践、贫困地区农村居民收入分配进行了考察；最后，又从实证层面以广西54个贫困县为例，构建县域层面的短面板数据模型，对财政扶贫的收入分配效应进行了定量研究，评价了财政扶贫调节收入分配效率水平，并实证分析了影响调节效率的主要因素及内在作用机制。综合前面的分析，接下来将进一步探讨实现贫困地区农村居民收入可持续增长的同时，避免农村居民收入差距扩大的政策路径，为进一步改善财政扶贫收入分配效应的政策优化提供借鉴。

第一节 树立科学的财政扶贫指导思想

一、客观认识财政扶贫的长期性

在全面建成小康社会的背景下，打赢脱贫攻坚战，保证贫困地区、贫困人口和全国人民一道步入小康社会，是第一位的民生工程。从社会公平的观点来看，利用落后地区资源发展起来的东部，有责任、有义务帮助西、中部贫困者。脱贫是贫困者的权利，而深入开展农村财政扶贫则是政府的责任所在。

为此，政府在财政扶贫指导思想上，要真正重视维护公平，真正重视困难群众的利益。与此同时，还要牢固树立财政扶贫是一项长期任务，避免短期行为的指导思想。在精准扶贫新阶段，不少人误以为2020年以后就不存在贫困问题、不需要继续实施精准扶贫方略了，这是一种思想误区。贫困的长期性，一方面是由扶贫攻坚难度大，任务艰巨，贫困人口生计脆弱、返贫率高所决定的；另一方面，则是由农村贫困的相对性决定的。随着经济社会的发展，我们的贫困线必然会不断提高，并且只要存在收入差距，相对贫困问题就会存在。所以，贫困问题是永恒的。不过，在每一个历史阶段，农村贫困的表现与特征会不一样，财政扶贫的路径会有差异。因此，我们必须牢固树立财政扶贫是一项长期任务的思想，不断丰富反贫困的政策内涵。

二、注重改善财政扶贫的收入分配效应

收入分配问题直接关系到我国经济又好又快的发展，关系到共同富裕的实现和社会主义本质问题，关系和谐社会的构建和我国的长治久安。自从2002年召开的党的十六大开始，就将收入分配问题作为全面建设小康社会奋斗目标和经济建设及经济体制改革的重要内容之一。在党的十九大报告中，习总书记又一次提出"坚决打赢脱贫攻坚战"，并特别强调要"真脱贫""脱真贫"，带领困难群众创造同样的美好生活。习总书记要求到2020年必须实现现有贫困人口全部脱贫摘帽。我们不仅要看到这是一项政治任务，更要把握准这项任务的最终归属，那就是建立合理的收入分配关系，破解发展不平衡的主要矛盾。反贫困是财政扶贫的"面子"，"里子"应该是调节居民收入分配，缩小收入差距，建立合理的收入分配关系。这是由财政的职能所决定的。因此，我们有必要重新审视精准扶贫的目标导向，将反贫困与调节收入分配有机结合起来，高度重视并不断改善财政扶贫实践过程中收入分配效应的发挥。

三、坚持市场配置财政扶贫资源的决定性作用

正确处理政府和市场的关系是现代社会发展的关键问题。在财政扶贫领域也必须坚持唯物辩证法，在坚持市场配置资源决定性作用的前提下，充分发挥政府的作用。长期以来，政府是反贫困的主导者，在涉及扶贫资源分配的领域，尤其是扶贫项目规划、立项，产业扶贫政策制定、实施等方面，或多或少带有计划经济的影子。短期来看，这是有一定合理性与必要性的，但是，长期来看，这是不可持续的。计划经济的低效率已经在理论与实践中被充分证明。在精准扶贫新阶段，政府必须转换角色，由主导者向服务者转变，

还贫困者以反贫困的主体地位，牢固树立市场对扶贫资源配置起决定作用的指导思想。解决中国农村贫困的最大资源是农村贫困者，还给贫困者反贫困主体地位是反贫困取得最终成功的关键。尊重市场机制，要求政府要加快角色转换，摆脱机会主义和形式主义倾向，提高服务意识和服务水平，引导公共事业为贫困农户服务，更加有效率地利用资源，更大程度地维护贫困农户的利益，帮助农村贫困者摆脱贫困状态。

第二节　优化财政扶贫资金分配、使用和监管机制

综合第三章、第四章、第五章的研究，可以得出，尽管我国财政扶贫在调节收入分配领域取得了较好的效果，但是依然面临着一系列的挑战，比如，贫困地区财政扶贫资金规模缺失与冗余并存、产业扶贫政策不够精准、资金投向结构不尽合理等。为此，必须围绕财政扶贫资金分配、使用、监管各个环节构建更加规范的帮扶机制。

一、完善财政扶贫资金的分配机制

"十三五"时期，我国脱贫攻坚的总体目标是：到2020年，稳定实现农村贫困人口不愁吃、不愁穿，义务教育、基本医疗和住房安全有保障。实现贫困地区农民人均可支配收入增长幅度高于全国平均水平，基本公共服务主要领域指标接近全国平均水平。确保我国现行标准下农村贫困人口实现脱贫，确保贫困县全部脱贫"摘帽"，解决区域性整体贫困。即常说的"两不愁、三保障、一高于、一接近、两确保"。扶贫资金的分配要坚持公开、公平、公正的基本原则，采用科学的因素法，必须将脱贫攻坚的总体目标植入分配因素和权重的设计中。

具体而言，首先要提高贫困地区农村居民人均纯收入增长在分配因素中的权重，并且要体现增长速度高于全国平均水平的贫困县分配到的财政扶贫资金应该高于增速达不到平均水平的贫困县。其实，"一高于、一接近"就是要有效缩小贫困地区与发达地区的差距。贫困地区农村居民人均可支配收入水平远低于全国平均水平，如果其增长速度不能高于全国平均水平，将导致贫困地区农村居民收入与全国的差距越来越大，实现贫困地区农村居民收

入保持高于全国平均水平的增长速度，可以有效缩小地区间的收入差距。其次，在我国居民收入差距日益扩大的当下，贫困地区农村居民内部的收入差距，也应该被作为扶贫资金分配考量的要素之一。只有保障了贫困人口收入水平增加，且与非贫困户收入差距在缩小，才能证明贫困户获益大于非贫困户，扶贫资金的使用实现了真正意义上的精准。

二、优化财政扶贫资金的投向

从前面的实证分析来看，不少贫困县的财政扶贫资金存在冗余、处于规模报酬递减区域，第一产业中规模以上企业绩效、低保覆盖率等因素与财政扶贫调节收入分配效率反而呈负相关关系，这些均反映出财政扶贫资金投向上存在不合理性。要切实提高财政扶贫调节收入分配效率，必须不断优化财政扶贫资金投放结构。

从财政扶贫调节收入分配效率的影响因素来看，必须对一些认识上的误区进行重新审视：（1）依靠龙头企业带动的"公司＋农户"产业扶贫模式并不如想象中那么美好。实证结果表明，第一产业中规模以上企业经营绩效与财政扶贫调节收入分配效率显著负相关。这些企业在扶贫实践中，享受到的政策扶持和让渡给困难群众的利益很有可能并不匹配。（2）低保兜底"输血式"扶贫政策虽然为困难群众的基本生活提供了必要保障，但是，对于改善贫困地区收入分配效应作用不大。贫困人口内生发展能力才是实现脱贫、提高财政扶贫调节收入分配效率的有效方式。（3）并不是只要加大投资，就能够推动贫困地区脱贫进程，改善收入分配状况。其实，要想有效地改善财政扶贫调节收入分配效率，只有加大贫困地区公路等基础设施投资、鼓励社会资本扩大实体经济投资才是优先选择。具体建议如下所述。

第一，财政重点扶持贫困群众获益面广、获益量大的农业特色产业项目，提高产业扶贫的精准性。家庭经营收入是贫困居民收入的第一来源。在财政扶贫中，继续做大这块"蛋糕"，对于增加农民收入，调节居民收入分配具有重要意义。但是，我们必须同时要清醒地认识到传统农业的弱质低效和规模不经济又一直制约着农业发展和农民收入增长。一方面，以培育和打造特色产业为目的，重点扶持对于困难群众而言受益面广、获益量大的产业和企业组织，释放产业扶贫内生力，是提高贫困地区贫困内生动力的根本举措。贫困地区各级政府必须充分利用财政资金"四两拨千斤"的作用，科学遴选特色产业项目，进行产业培育，实现特色产业脱贫。可是，现有的产业扶贫模式，大多以村或者乡为单位，对大区域的市场发展环境、产业格局、产业发展方向、产业竞争力考虑不足。就产业扶贫本身看，决不能将产业定位在一个狭小、微观领域，而应该与市场环境相结合，与区域产业链结合起来。不要迷信龙头企业的带动作用，优先扶持困难群众能够广泛参与、充分受益的企业组织。另一方面，进一步创新农业产业化财政补贴方式，把握好政府与市场的边界，倾斜性保障困难群众的收益，构建贫困居民收入持续稳定增长的长效机制，提高财政补贴资金的扶贫效益。此外，财政产业扶贫政策重点在于夯实产业发展基础，而不是直接投资或者参与产业经营，这是财政的基本属性所决定的，也是市场经济对扶贫资源配置起决定作用的要求。农业产业化的实质是农业经营的种养加、产工贸、农工商等的一体化。当前贫困地区农业产业化整体水平较低，农业产业化所需要的基础保障制度还不完善，需要加大公共财政的支持力度。

第二，注重分类帮扶，消除贫困路径依赖。基于要素禀赋理论，区域发展和民众福利水平的提高在很大程度上受益于其拥有的或者可以利用的发展资源。区域发展实质上是一个生产要素优化配置的问题，各种要素在经济中的相对份额构成了不同的要素禀赋，决定着区域的产业结构与产业的发展层次，亦即区域发展层次受制于经济中的要素禀赋。[①] 基于区域发展系统视角来看，区域发展潜力取决于其影响因素组合形成的潜能。以广西 52 个贫困县的 DEA 效率结果进一步佐证了这个观点。因此，未来在财政扶贫资金配置投向上，应在清晰各区域的要素禀赋基础上更加注重分类帮扶。比如，对于生态环境脆弱且发展基础薄弱的地区，实施移民搬迁扶贫；对于基础设施建设水平较差的地区，应关注整村推进扶贫，完善发展环境，提升区域要素流入的吸引力；对于具有一定产业基础和劳动力、土地等要素比较优势的地区，应该把脉区域以及扶贫对象的发展意愿和其所掌握的优势资源，合理选择主导产业，通过产业创建、产业转移等方式融入市场竞争，通过延展产业链条，拓宽产业覆盖面，增加产业附加值，并辅之以必要的科技与教育培训。

第三，进一步加大财政扶贫资金在贫困地区农业科技领域的投入。农业扶持的重点不是农作物播种的数量，而是提升农业科技含量。为此，财政扶

---

① 郑瑞强、陈燕、张春美等：《连片特困区财政扶贫资金配置效率测评与机制优化——以江西省罗霄山片区 18 个县（市、区）为分析样本》，载于《华中农业大学学报（社会科学版）》2016 年第 5 期，第 63~69，145 页。

贫应该稳定支持农业基础性、前沿性、公益性科技研究，逐步提高科研机构运行经费保障水平，大力支持农业科技成果转化和技术推广，着力推进农业技术社会化服务体系建设，为增强科技对贫困地区农业农村发展的支撑能力提供有力保障。

第四，进一步完善贫困地区农村生产经营基础设施建设。实证分析表明，公路覆盖率对于财政扶贫调节收入分配效率具有显著正向效应。公路覆盖率只是贫困地区农村基础设施建设的一个缩影，除了公路之外，还包括了通信设施、水利设施等生产基础设施条件。贫困地区农村生产经营基础设施的好坏直接关系到农业增产和农民增收，加大建设和改善力度仍然十分必要和迫切。这主要表现在：一是贫困地区农田水利设施建设的"欠账"问题还没有从根本上解决，尤其是抗灾减灾能力仍不能满足现代农业发展的需要；二是贫困地区农产品市场体系建设还相对滞后，尤其是物流基础设施和物流技术落后，市场信息服务又不到位，无法有效分享农村电商红利，导致农产品产销衔接不畅，"增产不增收"现象时有发生。

第五，大力发展贫困地区金融社会化服务体系。贫困地区金融发展水平、扣除房地产投资的纯固定资产投资对于财政扶贫的收入分配效应及调节效率显著正相关，因此鼓励和引导社会资本加大对贫困地区实体经济投资十分重要。从 2014 年起，中央财政不再单独安排扶贫贷款贴息资金，而是统一列入发展资金中按因素法分配切块下达地方，由地方自主安排。于是，不少贫困地区将扶贫贷款贴息制度边缘化，扶持力度越来越小。金融发展水平对贫困地区农村居民的收入增长、收入差距调节、贫困减少均有显著影响，效果甚至远高于其他扶贫资金支出。因此，我们必须进一步加大财政扶贫贷款贴息支持力度，引导和吸引工商资本下乡，投资和发展实体经济，并建立与农民利益分享机制。并在此基础上，探索精准化金融扶贫推进机制，改善贫困地区金融生态环境。尤其是，大力扶持和发展农村金融服务组织，发展农村普惠金融，扭转金融服务在农业领域缺位的局面，构建完整的涵盖银行、保险、证券等在内的农业金融服务组织体系，调动农民的积极性，培育农村合作金融组织，实现资金取之于民、用之于民，增加农民的财产性收入。

三、构建财政扶贫综合绩效评价体系，用好考核指挥棒

良好的政策设计能否落到实处、取得实效，执行非常关键。要保证财政

精准扶贫各项政策得到高效执行，除了做好各层级、各部分的责任分工之外，还必须用好财政专项扶贫资金绩效考核指挥棒。绩效考核指标设计上要将过程导向和结果导向有机结合起来。脱离过程，追求结果，无异于缘木求鱼，但是，只重过程，忽视结果，也不符合绩效管理的基本思想。因此，我们在绩效考核上，不仅要关注精准扶贫的工作环节，还应该重点关注扶贫项目和扶贫资金给贫困人口、贫困地区带来的产出结果。按照保证财政扶贫资金的经济性、规范性和有效性原则，构建包括经济绩效、社会绩效和环境绩效的财政扶贫资金绩效体系，用好考核指挥棒。

首先，关于资金使用合规性指标的设计。吸收和保留当前绩效考核中关于过程评价的合理性做法。建议根据资金运行过程涉及的各个环节，注重预算编制的合规性、执行过程的合规性的考核，围绕二者进行合规性指标设计。

其次，关于资金使用效率指标的设计[①]。该类指标主要反映扶贫部门对专项扶贫资金在不同扶贫项目之间进行合理配置的职责履行情况，主要包括资金使用的经济性和效率性。经济性是指输入成本的降低程度，主要强调成本收益比，它通常以低成本投入而获得的资金节省为度量。效率性是一个组织或一种活动的产出与其投入之间的关系，主要关注投入产出比。

最后，关于资金使用效果指标的设计。该类指标主要关注财政扶贫资金的使用效果。建议该指标应包括以下内容：经济效率，比如贫困人口人均收入增长、减贫效果、贫困地区经济增长等；社会效率，比如贫困地区教育培训业绩、医疗卫生建设、基础设施建设等；生态效率，比如贫困地区土地利用效率、植被保护业绩、环保技术推广业绩等。

四、打造形成财政扶贫资金闭环监督体系

加强财政扶贫资金监管是减少资金渗漏、提高扶贫纯技术效率的有效手段。在精准扶贫新阶段，首先应该树立以结果为导向的扶贫资金监管理念，然后围绕多维监管主体建立全方位监管体系，形成从支出端到获得端无缝对接的财政扶贫资金闭环监管体系，以此强化对财政扶贫资金的监管力度，确保资金运行安全。

---

① 高波、王善平：《财政扶贫资金综合绩效评价体系研究》，载于《云南社会科学》2014 年第 5 期，第 86 ~ 89 页。

（一）树立以结果为导向的财政扶贫资金监管理念

所谓以结果为导向的财政扶贫资金监管理念，就是强调监管并不是单纯地以约束、监督、管理扶贫资金的使用行为和使用过程为目的，它是采取科学手段，对有限的资金资源进行配置，努力达成既定目标——实现现有贫困人口脱贫的过程。对过程进行管控是源于对结果的追求。因此，我们的资金监管制度与措施不能仅仅停留和满足于资金分配、使用、运转过程合规，还应该再向前迈进一步，看看是否实现了"不忘初心"、精准脱贫。以结果为导向的财政扶贫资金监管理念，既强调对资金运动过程的关注，减少和避免资金漏损，同时更强调要以保障精准脱贫目标的实现来构建资金监管体系，提高扶贫资金使用的精准度，避免将手段、过程目标化。

（二）建立资金支出端与获得端无缝对接的闭环监督体系

在前面的实证分析中，低保覆盖率反而降低了财政扶贫调节收入分配效率，这在一定程度上再次揭示了加强财政扶贫资金监管，避免"跑冒滴漏"的重要性。财政扶贫资金监管体系是由监管主体、监管运行机制、信息沟通渠道、监管方式、监管对象等要素共同构成的，既相对独立又相互联系的有机整体。政府为资金的分配者和使用者，而监管主体又主要是来自政府及相关职能部门，这显然是合适的。一个完整的监管体系应该"不仅包括对被监督者的监管，也包括对监督者的监管；不仅包括事前事中的监管，也包括对事后效果的监管；不仅包括利益相关方的直接监管，也包括非利益相关方的间接监管"，具有多维监管主体、全方位立体闭合监管特征。

1. 充分发挥多维监管主体的交叉监管作用

当前财政扶贫资金的监管主体，主要是政府及其职能部门，这是远远不够的，因为政府本身就是扶贫资金的支配主体。财政扶贫资金监管主体除了政府及其职能部门之外，还应该包括利益相关者、社会第三方机构、新闻传播媒介及社会公众等。为此，建议广西在继续充分发挥扶贫主管部门、财政部门、审计部门的行政监管作用的前提下，进一步发挥其他监管主体的监管作用。比如，邀请第三方机构，对扶贫资金使用效果进行客观、独立、理性的评估，形成社会监管力量；发挥新闻媒体监管作用，利用大众传播媒介对扶贫资金的分配、使用过程进行跟踪报道；强化公众监管，鼓励直接或间接受益和相关者依法通过各种手段对财政扶贫开发进行全过程监督。

2. 建立事前、事中、事后全方位监管体系

事后监管带有亡羊补牢性质，对于已经造成的损失于事无补，而事前监管恰好可以有效减少由于事后监管不及时造成扶贫资金投入的损失和浪费。因此，我们必须正确认识财政扶贫资金使用前监管。做好事前监管，不仅能够提高资金的安全性，还可以纠正资金的不合理投向，有利于提高资金的使用效率。在事前控制环节建议广西在扶贫项目论证环节引进第三方论证机制，改变传统的体制内封闭论证做法，通过提高第三方评估机构的参与程度来避免扶贫资金使用出现偏离，同时提高项目评审效率。

事中监管是财政扶贫资金安全运行的重要保障，作为财政扶贫资金监管的重要组成部分，是减少资金漏损、保证预期使用绩效达成的有效监管手段。建议广西在财政扶贫资金的事中监管环节，一方面要加强扶贫资金到账的监管，将问责制实实在在贯穿于财政扶贫资金管理的各个环节；另一方面强化对扶贫项目实施进度的监管，避免项目实施成为"糊涂账"。

事后监管虽然带有亡羊补牢性质，但依然是提升财政扶贫资金使用效率的有效措施。广西不仅需要继续做好传统的审计监管，加大不定期抽查审计工作力度，严处违法违纪行为，还应该努力将财政扶贫资金从支出型管理向绩效型管理转变，将提高扶贫资金使用效率理念贯穿于扶贫项目资金运营的全过程。

3. 做细、做实、做好财政扶贫资金信息公开

获取全面精准的信息是实施有效监管的前提。没有充分的财政扶贫资金信息公开，就不可能建成基于多维监管主体的全方位监管体系。建议广西能够在相关信息公开领域做出表率，建立从财政扶贫资金支出端到获得端无缝对接的监督体系，并加强对政府信息公开义务的执行督查，完善公众知情权被拒绝后的申诉机制。在公告公示内容上，要将精准扶贫项目审批情况、项目实施进度、项目资金使用情况等做出详尽的公告，尤其是财政资金的使用情况以及具体扶贫项目的资金额度应成为公告公示的重点内容。在公告公示范围上，自治区、市、县等各级政府在职责范围内都必须进行公告公示。考虑到贫困地区信息相对闭塞，尤其是获取网络信息会面临一定的困难，精准扶贫公告公示应该集中于乡镇和村组，尽可能地接近精准扶贫项目的实施地。在公告公示方式上，尽量避免将公告挂在部门网站上的简单做法，应充分考虑贫困地区的民族特点，因地制宜地选择便于社会公众接受的方式，尊重少

数民族的语言风俗习惯，将工作做细、做扎实。①

第三节　改善财政扶贫收入分配效应的配套措施

一、探索建立乡级报账机制，提高资金支出效率

要提高资金支出效率，一方面是减少扶贫资金传递层次，比如，取消按照行政级别层层拨付的制度，实行国库集中支付制度；另一方面是减少项目审批环节，将扶贫项目的审批权下放到县一级，赋予县级选择、确定项目的权利，由县级扶贫机构根据实地情况和村级规划确定年度内要实施的项目。目前，广西已经在优化扶贫资金传递层次方面做了不少探索。但权力下放的步子还不够大，尤其是当前的县级报账制，在一定程度上正成为制约资金支出效率提升的新"瓶颈"。为此，建议在全国贫困地区县级政府推行乡级报账机制，提高资金拨付速度。实施乡级报账制度时，要求在乡级财政设立扶贫专户，乡级财政扶贫专项资金实行专户管理、专账核算、封闭运行，资金支付实行转账结算，严格控制现金支出，确保财政扶贫资金安全。②

二、加强扶贫制度规范的前瞻性建设

制度源于现实需要，因此，制度建设往往是基于解决现实问题的需要生发出来的。不过，我们在强调制度的实践特征的时候，不能够否认制度建设的前瞻性，适当的预见性恰恰是为了更好地指导和服务实践。结合精准扶贫和精准脱贫实践进程，未雨绸缪、查漏补缺，加强财政精准扶贫制度体系的前瞻性建设，对于避免制度的碎片化，构建形成完善的财政扶贫体系具有重要的现实意义。

首先，2020 年以后，我国的农村贫困特征将由绝对贫困阶段过渡到相对贫困阶段，在新的贫困形势下，新的扶贫方略和路径又是什么，必须纳入研

---

① 周帮扬、蔡新宇：《少数民族地区精准扶贫财政资金法律监管研究》，载于《贵州民族研究》2016 年第 6 期，第 27 ~ 30 页。

② 王敏、方铸、江淑斌：《精准扶贫视域下财政专项扶贫资金管理机制评估——基于云贵高原 4 个贫困县的调研分析》，载于《贵州社会科学》2016 年第 10 期，第 12 ~ 17 页。

究议程，提早进行研究谋划。

其次，强化财政扶贫制度的系统性建设。当前，财政部要求加强涉农资金统筹整合，以便集中有限资金办大事，提高扶贫效率。统筹涉农资金难度大、挑战多，要推行这一部署，就必须加强财政扶贫制度与政策的统筹整合。当前的财政扶贫政策数量多、出台频繁，在一定程度上也暴露了政策不够系统、相对随意、着眼短期的弊端。因此，在未来财政扶贫制度前瞻性建设上必须重视政策的统筹协调，提高制度效率，增强制度效用。

此外，既然反贫困是一项长远任务，可以考虑必要的时候进行反贫困立法，用法律的长效机制规范反贫困行为。

三、努力保持贫困地区经济持续中高速增长

第四章实证结果表明，经济增长作为居民收入增长的内在驱动力，对于贫困地区居民收入分配效应的发挥具有举足轻重的影响，是实现减贫目标的基础和保障。在经济新常态背景下，要进一步改善财政扶贫收入分配效应，必须更加重视经济增长的积极作用。建议各贫困地区，牢牢把握我国当前大力推进的"一带一路"倡议带来的发展机遇，实施创新驱动战略，加快产业结构转型升级步伐，构建以技术密集型、知识密集型产业为主的产业结构，推动产业体系的现代化转变，为贫困地区的经济发展在"十三五"期间实现中高速增长提供动力支撑。

参考文献

［1］阿玛蒂亚·森、让·德雷兹：《饥饿与公共行为》，苏雷译，社会科学文献出版社 2006 年版，第 24 页。

［2］阿玛蒂亚·森：《贫困与饥荒》，王宇、王文玉译，商务印书馆 2001 年版，第 190 页。

［3］阿玛蒂亚·森：《以自由看待发展》，任赜、于真译，人民教育出版社 2007 年版，第 91 页。

［4］庇古：《福利经济学》，华夏出版社 2007 年版。

［5］蔡昉、杨涛：《城乡收入差距的政治经济学》，载于《中国社会科学》2000 年第 4 期，第 11～22，204 页。

［6］曾勇：《中国东西扶贫协作绩效研究》，华东师范大学博士学位论文，2016 年，第 63～64 页。

［7］陈飞、卢建词：《收入增长与分配结构扭曲的农村减贫效应研究》，载于《经济研究》2014 年第 2 期，第 101～114 页。

［8］陈健生：《生态脆弱地区农村慢性贫困研究——基于 600 个国家扶贫重点县的监测证据》，经济科学出版社 2009 年版。

［9］陈前恒：《会员制村级扶贫发展基金能够瞄准穷人吗？——H 村扶贫发展基金个案研究》，载于《农村经济》2011 年第 3 期，第 57～60 页。

［10］陈晓红、陈杰：《我国农村扶贫资金运行中的科层损耗机制研究》，载于《当代财经》2007 年第 6 期，第 31 页。

［11］陈新、沈扬扬：《新时期中国农村贫困状况与政府反贫困政策效果评估——以天津市农村为案例的分析》，载于《南开经济研究》2014 年第 3 期，第 23～38 页。

［12］陈焱、陈建东：《财政转移支付对我国居民收入差距的影响》，载于《西南民族大学学报（人文社会科学版）》2012 年第 3 期，第 94～97 页。

[13] 迟诚:《政府间转移支付对城乡收入差距影响的实证研究》，山东大学博士学位论文，2016 年。

[14] 迟诚:《中国政府间转移支付与城乡居民收入差距的关系研究——基于转移支付的门槛效应分析》，载于《上海经济研究》2015 年第 11 期，第 72 ~ 78 页。

[15] 邓大松、仙蜜花:《社会保障转移支付对收入分配差距的调节效应——基于东部 12 个省市的实证研究》，载于《社会保障研究》2013 年第 6 期，第 3 ~ 9 页。

[16] 邓维杰:《精准扶贫的难点、对策与路径选择》，载于《农村经济》2014 年第 6 期，第 78 ~ 81 页。

[17] 邓维杰:《贫困村分类与针对性扶贫开发》，载于《农村经济》2013 年第 5 期，第 42 ~ 44 页。

[18] 迪帕·纳拉扬等:《谁倾听我们的声音》，中国人民大学出版社 2001 年版，第 69 ~ 70 页。

[19] 杜凤莲、孙婧芳:《经济增长、收入分配与减贫效应——基于 1991 ~ 2004 年面板数据的分析》，载于《经济科学》2009 年第 3 期，第 15 ~ 26 页。

[20] 段忠贤、黄其松:《要素禀赋、制度质量与区域贫困治理——基于中国省际面板数据的实证研究》，载于《公共管理学报》2017 年第 3 期，第 144 ~ 153，160 页。

[21] 樊丽明、解垩:《公共转移支付减少了贫困脆弱性吗?》，载于《经济研究》2014 年第 8 期，第 67 ~ 78 页。

[22] 樊胜根、邢鹂、陈志钢:《中国西部地区公共政策和农村贫困研究》，科学出版社 2010 年版。

[23] 樊胜根、张林秀、张晓波:《经济增长、地区差距与贫困——中国农村公共投资研究》，中国农业出版社 2002 年版。

[24] 范和生、唐惠敏:《农村贫困治理与精准扶贫的政策改进》，载于《中国特色社会主义研究》2017 年第 1 期，第 45 ~ 52，75 页。

[25] 冈纳·缪尔达尔:《世界贫困的挑战——世界反贫困大纲》，北京经济学院出版社 1991 年版。

[26] 高波、王善平:《财政扶贫资金综合绩效评价体系研究》，载于《云南社会科学》2014 年第 5 期，第 86 ~ 89 页。

［27］高书生、刘晶：《收入分配的效应分析》，载于《经济理论与经济管理》1998 年第 3 期，第 67～71 页。

［28］高云虹、刘强：《收入增长和收入分配对城市减贫的影响》，载于《财经科学》2011 年第 12 期，第 90～98 页。

［29］郭佩霞：《论民族地区反贫困目标瞄准机制的重新建构》，载于《理论导刊》2007 年第 10 期，第 15～17 页。

［30］郭熙保、周强：《长期多维贫困、不平等与致贫因素》，载于《经济研究》2016 年第 6 期，第 143～156 页。

［31］郭志仪、祝伟：《我国山区少数民族贫困成因的框架分析——基于市场参与率的视角》，载于《中南民族大学学报（人文社会科学版)》2009 年第 5 期，第 123～129 页。

［32］何深静、刘玉亭：《中国城市贫困问题的国际研究新进展》，载于《国际城市规划》2008 年第 4 期，第 37～41 页。

［33］洪大用：《改革以来中国城市扶贫工作的发展历程》，载于《社会学研究》2003 年第 1 期，第 71～86 页。

［34］洪名勇：《开发扶贫瞄准机制的调整与完善》，载于《农业经济问题》2009 年第 5 期，第 68～71 页。

［35］洪兴建：《贫困指数理论研究述评》，载于《经济评论》2005 年第 5 期，第 112～117 页。

［36］侯亚景、周云波：《收入贫困与多维贫困视角下中国农村家庭致贫机理研究》，载于《当代经济科学》2017 年第 2 期，第 116～123，128 页。

［37］胡兵、赖景生、胡宝娣：《经济增长、收入分配与贫困缓解——基于中国农村贫困变动的实证分析》，载于《数量经济技术经济研究》2007 年第 5 期，第 33～42 页。

［38］胡志军、谭中：《我国居民收入基尼系数的估计及城乡阶层效应——基于城镇、农村收入 20 分组数据的研究》，载于《南方经济》2016 年第 6 期，第 38～50 页。

［39］黄承伟、王猛：《"五个一批"精准扶贫思想视阈下多维贫困治理研究》，载于《河海大学学报（哲学社会科学版)》2017 年第 5 期，第 1～5，47，89 页。

［40］黄冠华：《基本公共服务财政支出绩效评价与差异性分析——来自湖北省 17 地州市的证据》，载于《财政监督》2017 年第 13 期，第 42～

47 页。

［41］黄颂文：《西部民族地区农村贫困问题成因探究》，载于《求索》2004 年第 8 期，第 34～36 页。

［42］黄薇：《医保政策精准扶贫效果研究——基于 URBMI 试点评估入户调查数据》，载于《经济研究》2017 年第 9 期，第 117～132 页。

［43］黄祖辉、王敏、宋瑜：《农村居民收入差距问题研究——基于村庄微观角度的一个分析框架》，载于《管理世界》2005 年第 3 期，第 75～84，169，171～172 页。

［44］姜爱华：《政府开发式扶贫资金绩效研究》，中国财政经济出版社2008 年版，第 68～69 页。

［45］姜国强：《权利贫困、收入分配失衡及其矫正对策》，载于《社会科学家》2013 年第 10 期，第 48～51 页。

［46］蒋志永、何晓琦：《中国减贫策略中的微观政策》，载于《经济问题》2006 年第 5 期，第 22～24 页。

［47］解垩：《公共转移支付对再分配及贫困的影响研究》，载于《经济研究》2017 年第 9 期，第 103～116 页。

［48］靳卫东：《农民的收入差距与人力资本投资研究》，载于《南开经济研究》2007 年第 1 期，第 81～92 页。

［49］雷根强、黄晓虹、席鹏辉：《转移支付对城乡收入差距的影响——基于我国中西部县域数据的模糊断点回归分析》，载于《财贸经济》2015 年第 12 期，第 35～48 页。

［50］李聪：《易地移民搬迁对农户贫困脆弱性的影响——来自陕南山区的证据》，载于《经济经纬》2018 年第 1 期，第 35～40 页。

［51］李含琳、韩坚：《中国扶贫资金来源结构及使用方式研究》，载于《农业经济问题》1998 年第 4 期，第 6～10 页。

［52］李建军：《城镇居民收入、财政支出与农民收入——基于1978～2006 年中国数据的协整分析》，载于《农业技术经济》2008 年第 4 期，第34～40 页。

［53］李齐云、席华：《新农保对家庭贫困脆弱性的影响——基于中国家庭追踪调查数据的研究》，载于《上海经济研究》2015 年第 7 期，第 46～54 页。

［54］李实、詹鹏、杨灿：《中国农村公共转移收入的减贫效果》，载于

《中国农业大学学报（社会科学版）》2016 年第 5 期，第 71～80 页。

[55] 李文、汪三贵：《中央扶贫资金的分配及影响因素分化》，载于《中国农村经济》2004 年第 8 期，第 44～48 页。

[56] 李小勇：《能力贫困视域下中国农村开发式扶贫的困境与超越》，载于《理论导刊》2013 年第 2 期，第 81～84 页。

[57] 李小云、唐丽霞、张雪梅：《我国财政扶贫资金投入机制分析》，载于《农业经济问题》2007 年第 10 期，第 77～82 页。

[58] 李秀娟：《西部地区农村长期性贫困成因及对策》，载于《农业经济问题》2009 年第 4 期，第 33～37 页。

[59] 林伯强：《中国的经济增长、贫困减少与政策选择》，载于《经济研究》2003 年第 12 期，第 15～25，90 页。

[60] 林伯强：《中国的政府公共支出与减贫政策》，载于《经济研究》2005 年第 1 期，第 27～37 页。

[61] 林建、廖杉杉：《民族地区财政金融政策的反贫困效应研究》，载于《中国人口·资源与环境》2014 年第 9 期，第 110～117 页。

[62] 刘晨、刘晓璐：《中国政府间转移支付制度对改善收入分配效果探析》，载于《当代经济科学》2010 年第 4 期，第 105～108 页。

[63] 刘冬梅：《对中国农村扶贫中市场与政府作用的探讨》，载于《中国软科学》2003 年第 8 期，第 20～24 页。

[64] 刘国：《论消除权利贫困与构建和谐社会》，载于《河北法学》2007 年第 9 期，第 43～48 页。

[65] 刘坚：《中国农村减贫研究》，中国财政经济出版社 2009 年版，第 97～98 页。

[66] 刘俊生、何炜：《从参与式扶贫到协同式扶贫：中国扶贫的演进逻辑——兼论协同式精准扶贫的实现机制》，载于《西南民族大学学报（人文社科版）》2017 年第 12 期，第 205～210 页。

[67] 刘流：《民族地区农村扶贫瞄准问题研究：基于贵州省民族地区乡级扶贫瞄准绩效的分析》，载于《贵州民政研究》2010 年第 4 期，第 118～123 页。

[68] 刘明慧、侯雅楠：《财政精准减贫：内在逻辑与保障架构》，载于《财政研究》2017 年第 7 期，第 9～22 页。

[69] 刘一伟、汪润泉：《收入差距、社会资本与居民贫困》，载于《数

量经济技术经济研究》2017 年第 9 期，第 75 ~ 92 页。

［70］龙静云：《共享式增长与消除权利贫困》，载于《哲学研究》2012 年第 11 期，第 113 ~ 119 页。

［71］罗楚亮：《经济增长、收入差距与农村贫困》，载于《经济研究》2012 年第 2 期，第 15 ~ 27 页。

［72］罗楚亮：《农村贫困的动态变化》，载于《经济研究》2010 年第 5 期，第 123 ~ 138 页。

［73］罗江月、唐丽霞：《扶贫瞄准方法与反思的国际研究成果》，载于《中国农业大学学报（社会科学版）》2014 年第 4 期，第 10 ~ 17 页。

［74］罗知：《地方财政支出与益贫式经济增长——基于中国省际数据的经验研究》，载于《武汉大学学报（哲学社会科学版）》2011 年第 3 期，第 75 ~ 80 页。

［75］马新文：《阿玛蒂亚·森的权利贫困理论与方法述评》，载于《国外社会科学》2008 年第 2 期，第 69 ~ 74 页。

［76］纳克斯：《不发达国家的资本形成问题》，谨斋译，商务印书馆 1996 年版。

［77］倪羌莉、童雅平：《富裕中的贫困现状及精准扶贫对策——以江苏省南通市低收入农户为例》，载于《管理世界》2016 年第 12 期，第 176 ~ 177 页。

［78］彭腾、詹博：《论我国政府转移支付调节收入差距的失灵》，载于《江汉大学学报（社会科学版）》2013 年第 5 期，第 32 ~ 35 页。

［79］沈晓阳：《正义论经纬》，人民出版社 2007 年版，第 55 ~ 58 页。

［80］世界银行：《2006 年世界发展报告》，清华大学出版社 2006 年版，第 132 页。

［81］世界银行：《贫困与对策》，经济管理出版社 1996 年版，第 3 ~ 4 页。

［82］帅传敏：《中国农村扶贫开发模式与效率研究》，人民出版社 2010 年版，第 14 ~ 18 页。

［83］司慧颖：《马克思贫困理论及当代中国贫困治理》，载于《重庆社会科学》2017 年第 11 期，第 40 ~ 45 页。

［84］宋宪萍、张剑军：《基于能力贫困理论的反贫困对策构建》，载于《海南大学学报（人文社会科学版）》2010 年第 1 期，第 69 ~ 73 页。

［85］孙菲、王文举：《中国农村贫困成因区域差异性研究》，载于《贵

州民族研究》2017 年第 6 期，第 25～29 页。

[86] 覃志敏：《连片特困地区农村贫困治理转型：内源性扶贫——以滇西北波多罗村为例》，载于《中国农业大学学报（社会科学版）》2015 年第 6 期，第 5～11 页。

[87] 童宁：《农村扶贫资源传递过程研究》，人民出版社 2009 年版，第 82 页。

[88] 托尼·阿特金森、丁开杰：《社会排斥、贫困和失业》，载于《经济社会体制比较》2005 年第 3 期，第 8～15 页。

[89] 万广华、张茵：《收入增长与不平等对我国贫困的影响》，载于《经济研究》2006 年第 6 期，第 112～123 页。

[90] 汪兰贵：《扶贫投资效率的提高需要制度创新》，载于《林业经济》1997 年第 3 期，第 10～13 页。

[91] 汪三贵、阿尔伯特·帕克：《中国农村贫困人口的估计与瞄准问题》，载于《贵州社会科学》2010 年第 2 期，第 68～72 页。

[92] 汪三贵、李文、李芸：《我国扶贫资金投向及效果分析》，载于《农业技术经济》2004 年第 5 期，第 45～49 页。

[93] 汪三贵、王姮、王萍萍：《中国农村贫困家庭的识别》，载于《农业技术经济》2007 年第 1 期，第 20～31 页。

[94] 王刚、白浩然：《脱贫锦标赛：地方贫困治理的一个分析框架》，载于《公共管理学报》2018 年第 1 期，第 108～121，158～159 页。

[95] 王海：《财政支出减贫：机理分析与政策启示》，载于《河南师范大学学报（哲学社会科学版）》2013 年第 3 期，第 69～73 页。

[96] 王敏、方铸、江淑斌：《精准扶贫视域下财政专项扶贫资金管理机制评估——基于云贵高原 4 个贫困县的调研分析》，载于《贵州社会科学》2016 年第 10 期，第 12～17 页。

[97] 王谦、文军：《流动性视角下的贫困问题及其治理反思》，载于《南通大学学报（社会科学版）》2018 年第 1 期，第 118～124 页。

[98] 王三秀、罗丽娅：《国外能力贫困理念的演进、理论逻辑及现实启示》，载于《长白学刊》2016 年第 5 期，第 120～126 页。

[99] 王胜：《区域财政资农资金配置绩效研究》，西南大学博士学位论文，2009 年，第 77～78 页。

[100] 王文利：《改革开放以来中国分配制度变迁的回顾与思考》，载于

《长安大学学报（社会科学版）》2004 年第 2 期，第 24～28，62 页。

　　[101] 王小华、王定祥、温涛：《中国农贷的减贫增收效应：贫困县与非贫困县的分层比较》，载于《数量经济技术经济研究》2014 年第 9 期，第 40～55 页。

　　[102] 温涛、朱炯、王小华：《中国农贷的"精英俘获"机制：贫困县与非贫困县的分层比较》，载于《经济研究》2016 年第 2 期，第 111～125 页。

　　[103] 吴本健、马九杰、丁冬：《扶贫贴息制度改革与"贫困瞄准"理论框架和经验证据》，载于《财经研究》2014 年第 8 期，第 106～118 页。

　　[104] 吴国宝：《中国扶贫开发和全面小康社会建设》，引自李培林、魏后凯主编《中国扶贫开发报告（2016）》，社会科学文献出版社 2016 年版。

　　[105] 吴国起：《财政扶贫资金绩效管理改革研究》，财政部财政科学研究所博士学位论文，2011 年，第 36～37 页。

　　[106] 吴雄周、丁建军：《基于成本收益视角的我国扶贫瞄准方式变迁解释》，载于《东南学术》2012 年第 5 期，第 129～135 页。

　　[107] 西奥多·W. 舒尔茨：《论人力资本投资》，北京经济学院出版社 1990 年版，第 38 页。

　　[108] 谢玉梅：《东部发达地区贫困治理机制创新与实践启示——基于江苏省泗阳县的调查》，载于《中国农业大学学报（社会科学版）》2017 年第 5 期，第 51～60 页。

　　[109] 邢成举、李小云：《精英俘获与财政扶贫项目目标偏离的研究》，载于《中国行政管理》2013 年第 9 期，第 109～113 页。

　　[110] 徐爱燕、沈坤荣：《财政支出减贫的收入效应——基于中国农村地区的分析》，载于《财经科学》2017 年第 1 期，第 116～122 页。

　　[111] 许源源、苏中英：《和谐理念的缺失：农村扶贫瞄准偏离的重要原因》，载于《贵州社会科学》2007 年第 5 期，第 41～45 页。

　　[112] 许源源：《中国农村反贫困中的政府责任》，载于《农村经济》2006 年第 3 期，第 74～77 页。

　　[113] 许正中、苑广睿：《财政扶贫绩效与脱贫致富战略》，中国财政出版社 2014 年版，第 16～21 页。

　　[114] 严成、龚六堂：《财政支出、税收与长期经济增长》，载于《经济研究》2009 年第 6 期，第 4～15，51 页。

[115] 杨龙、李萌、汪三贵：《我国贫困瞄准政策的表达与实践》，载于《农村经济》2015 年第 1 期，第 8 ~ 12 页。

[116] 杨永华：《发展经济学流派研究》，人民出版社 2007 年版，第 56 页。

[117] 叶普万：《贫困经济学研究》，中国社会科学出版社 2004 年版。

[118] 张传勇：《中国房价波动的收入分配效应研究》，华东师范大学博士学位论文，2012 年，第 73 ~ 74 页。

[119] 张俊良、闫东东：《多维禀赋条件、地理空间溢出与区域贫困治理——以龙门山断裂带区域为例》，载于《中国人口科学》2016 年第 5 期，第 35 ~ 48，126 ~ 127 页。

[120] 张丽君、吴本健、王润球等：《中国少数民族地区扶贫发展进展报告 (2016)》，中国经济出版社 2017 年版，第 173 页。

[121] 张伟宾、汪三贵：《扶贫政策、收入分配与中国农村减贫》，载于《农业经济问题》2013 年第 2 期，第 66 ~ 75，111 页。

[122] 张笑芸、唐燕：《创新扶贫方式，实现精准扶贫》，载于《资源开发与市场》2014 年第 9 期，第 118 ~ 119 页。

[123] 章元、许庆、邬璟璟：《一个农业人口大国的工业化之路：中国降低农村贫困的经验》，载于《经济研究》2012 年第 11 期，第 76 ~ 87 页。

[124] 赵为民、李光龙：《中央财政转移支付缩小了城乡收入差距吗?》，载于《南京农业大学学报 (社会科学版)》2016 年第 6 期，第 141 ~ 151 页。

[125] 郑瑞强、陈燕、张春美等：《连片特困区财政扶贫资金配置效率测评与机制优化——以江西省罗霄山片区 18 个县 (市、区) 为分析样本》，载于《华中农业大学学报 (社会科学版)》2016 年第 5 期，第 63 ~ 69，145 页。

[126] 中国社会科学院扶贫开发报告课题组：《中国精准扶贫的进展和前瞻》，引自李培林、魏后凯、吴国宝主编：《中国扶贫开发报告 (2017)》，社会科学文献出版社 2017 年版。

[127] 周帮扬、蔡新宇：《少数民族地区精准扶贫财政资金法律监管研究》，载于《贵州民族研究》2016 年第 6 期，第 27 ~ 30 页。

[128] 周冬梅：《中国贫困治理三十年：价值、行动与困境——基于政策文本的分析》，载于《青海社会科学》2017 年第 6 期，第 153 ~ 161 页。

[129] 朱晶、王军英：《物价变化贫困度量与我国农村贫困线调整方法

研究》，载于《农业技术经济》2010 年第 3 期，第 22～31 页。

[130] 邹薇：《传统农业经济转型的路径选择：对中国农村的能力贫困和转型路径多样性的研究》，载于《世界经济》2005 年第 2 期，第 34～47，80 页。

[131] 左停、金菁、李卓：《中国打赢脱贫攻坚战中反贫困治理体系的创新维度》，载于《河海大学学报（哲学社会科学版）》2017 年第 5 期，第 6～12，89 页。

[132] Aisa R. & Pueyo F. （2006）. Government Health Spending and Growth in a Model of Endogenous Longevity. *Economics Letters*, 90 （2）, 249 – 253.

[133] Alessandro Orsini. （2012）. Poverty, Ideology and Terrorism: The Stam Bond. *Studies in Conflict & Terrorism*, 35 （10）, 665 – 692.

[134] Alkire, S. （2003）. Valuing Freedoms: Sen's Capability Approach and Poverty Reduction. *Economics & Philosophy*, 19 （2）, 371 – 377.

[135] Bandyopadhyay S. & Younas J. （2011）. Poverty, Political Freedom, and the Roots of Terrorism in Developing Countries: An Empirical Assessment. *Economics Letters*, 112 （2）, 171 – 175.

[136] Barros C. P. , Faria J. R. & Gil-Alana L. A. （2008）. Terrorism against American Citizens in Africa: Related to Poverty? . *Journal of Policy Modeling*, 30 （1）, 55 – 69.

[137] Borooah V. K. , Gustafsson B. & Li S. （2006）. China and India: Income Inequality and Poverty North and South of the Himalayas. *Journal of Asian Economics*, 17 （5）, 797 – 817.

[138] Bryceson D. F. , Bradbury A. & Bradbury T. （2008）. Roads to Poverty Reduction? Exploring Rural Roads' Impact on Mobility in Africa and Asia. *Development Policy Review*, 26 （4）, 459 – 482.

[139] Burchardt T. , Grand J. L. & Piachaud D. （1999）. Social Exclusion in Britain 1991 – 1995. *Social Policy & Administration*, 33 （3）, 227 – 244.

[140] Chambers D. , Wu Y. & Yao H. （2008）. The Impact of Past Growth on Poverty in Chinese Provinces. *Journal of Asian Economics*, 19 （4）, 348 – 357.

[141] Cullison W. E. (1993). Public Investment and Economic Growth. *Review of Development Economics*, 7 (1), 115 – 126.

[142] Deininger K. & Squire L. (2001). A New Data Set Measuring Income Inequality. (Vol. 10, pp. 565 – 591). China Economics and Management Academy, Central University of Finance and Economics.

[143] Devarajan S., Swaroop V. & Zou H. F. (1996). The Composition of Public Expenditure and Economic Growth. *Cema Working Papers*, 37 (2), 313 – 344.

[144] Dinopoulos E. & Thompson P. (2000). Endogenous Growth in a Cross-Section of Countries. *Journal of International Economics*, 51 (2), 335 – 362.

[145] Easterly W. & Rebelo S. T. (2000). Fiscal Policy and Economic Growth: An Empirical Investigation. *Social Science Electronic Publishing*, 32 (3), 417 – 458.

[146] Estes R. J. & Sirgy M. J. (2014). Radical Islamic Militancy and Acts of Terrorism: A Quality-of-life Analysis. *Social Indicators Research*, 117 (2), 615 – 652.

[147] Fan S. & Zhang X. (2004). Infrastructure and Regional Economic Development in Rural China. *China Economic Review*, 15 (2), 203 – 214.

[148] Fan S., Hazell P. B. R. & Thorat S. (1999). Linkages between Government Spending, Growth, and Poverty in Rural India. *Research Reports*, 82 (4), 1038 – 1051.

[149] Fang C., Zhang X. & Fan S. (2002). Emergence of Urban Poverty and Inequality in China: Evidence from Household Survey. *China Economic Review*, 13 (4), 430 – 443.

[150] Isard W. & An J. (2004). A Hierarchical Decision-Making Model for Progress in Reducing Three Evils: Terrorism, Poverty and Environmental Degradation. *Peace Economics Peace Science & Public Policy*, 10 (3), 23 – 36.

[151] Jalilian H. & Kirkpatrick C. (2002). Financial Development and Poverty Reduction in Developing Countries. *International Journal of Finance & Economics*, 7 (2), 97 – 108.

[152] Katzarski I. (2016). Thinking Poverty: Basic Codes. *Human & So-*

cial Studies, 5 (3), 95 - 116.

[153] Levine R. & Renelt D. (1992). A Sensitivity Analysis of Cross-Country Growth Regressions. *American Economic Review*, 82 (4), 942 - 963.

[154] Li X., Stanton B., Chen X., Hong Y., Fang X. & Lin D. (2006). Health Indicators and Geographic Mobility among Young Rural-to-Urban Migrants in China. *World Health & Populatim*, 8 (2), 5 - 21.

[155] Manokha I. (2008). Al-qaeda Terrorism and Global Poverty: New Social Banditry. *Journal of Global Ethics*, 4 (2), 95 - 105.

[156] Mcconnon E. (2014). Fighting Poverty to Fight Terrorism: Security in Dfid's Development Policy during the War on Terror. *Forum for Development Studies*, 41 (1), 135 - 157.

[157] Meierrieks D. (2012). Rooted in Urban Poverty? Failed Modernization and Terrorism. *Peace Economics Peace Science & Public Policy*, 18 (3), 1 - 9.

[158] Meng X., Gregory R. & Wang Y. (2005). Poverty, Inequality, and Growth in Urban China, 1986 - 2000. *Journal of Comparative Economics*, 33 (4), 710 - 729.

[159] Min Z. (2007). Asian Development Strategies: China and Indonesia Compared. *Bulletin of Indonesian Economic Studies*, 43 (2), 171 - 200.

[160] Moser C. O. N. (1998). The Asset Vulnerability Framework: Reassessing Urban Poverty Reduction Strategies. *World Development*, 26 (1), 1 - 19.

[161] Mosley P., Hudson J. & Verschoor A. (2004). Aid, Poverty Reduction and the "New Conditionality". *Economic Journal*, 114 (496), F217 - F243.

[162] Nelson K. (2004). Mechanisms of Poverty Alleviation: Anti-Poverty Effects of Non-Means-Tested and Means-Tested Benefits in Five Welfare States. *Journal of European Social Policy*, 14 (4), 371 - 390.

[163] Notten G. (2016). How Poverty Indicators Confound Poverty Reduction Evaluations: The Targeting Performance of Income Transfers in Europe. *Social Indicators Research*, 127 (3), 1039 - 1056.

[164] United Nations Development Programme. (1997). Human Development Report. *Womens International Network News*, 28 (3), 205 - 206.

[165] Raurich X. (2001). Indeterminacy and Government Spending in a

Two-Sector Model of Endogenous Growth. *Review of Economic Dynamics*, 4 (1), 210 – 229.

［166］ Ravallion M. (2001). Growth, Inequality and Poverty: Looking beyond Averages. *World Development*, 29 (11), 1803 – 1815.

［167］ Romp W. & J. D. H. (2007). Public Capital and Economic Growth: A Critical Survey. *Perspektiven Der Wirtschaftspolitik*, 8 (S1), 6 – 52.

［168］ Rowntree B. S. & Hunter R. (1902). Poverty: A Study of Town Life. *Charity Organisation Review*, 11 (65), 260 – 266.

［169］ Sala-I-Martin X. X. (1997). I Just Ran Two Million Regressions. *American Economic Review*, 87 (2), 178 – 183.

［170］ Seung-Whan Choi & Shali Luo. (2013). Economic Sanctions, Poverty, and International Terrorism: An Empirical Analysis. *International Interactions*, 39 (2), 217 – 245.

［171］ Sturm J. E. & Haan J. D. (1995). Is Public Expenditure Really Productive?. *Economic Modelling*, 12 (1), 60 – 72.

［172］ Townsend P. (1945). Poverty in the United Kingdom: A Survey of Household Resources and Standards of Living. *Economic Journal*, 90 (360), 954.

［173］ Upshur W. P. (2009). Of Note: to Whom It Speaks: Cities, Poverty, and Terrorism. *Sais Review of International Affairs*, 29 (1), 109 – 111.

［174］ Wagle U. (2002). Rethinking Poverty: Definition and Measurement. *International Social Science Journal*, 54 (171), 155 – 165.

［175］ Wolfensohn J. D. (2010). Fight Terrorism by Ending Poverty. *New Perspectives Quarterly*, 19 (2), 42 – 44.

［176］ Zhang H. (2017). Opportunity or New Poverty Trap: Rural-Urban Education Disparity and Internal Migration in China. *China Economic Review*, 44.

后　　记

本书是本人主持的 2017 年广西哲学社会科学规划研究课题"广西财政精准扶贫的收入分配效应研究（17FJY020）"的研究成果。

按道理来讲，课题研究到这个程度、书稿写到这个地方，应该终于可以长舒一口气，体味到长期饱受失眠煎熬之后的那种久违的轻松感。然而，电脑屏幕前的我，不仅没有丝毫的如释重负之感，反而更加惶恐，愈发惴惴不安。深深地感到自己还有很多问题依然没能研究透彻，很多地方的论证力度还十分有限，与最初的预设目标还存在较大的差距。伴随着学习和研究的深入，我真切地触摸到了自己的肤浅、贫瘠与匮乏，也真实而又深刻地感受到了自己基础差、底子薄、实证弱的事实。扪心自问，研究的亮点是什么？有意义的结论何在？创新点又体现在哪里？我连让自己信服的回答都无法给出。事实上，拙作所存在的问题可能还远不止这些。

人生总得经历一些艰难，才会慢慢成长；总得遭受一些沧桑，才会收获成熟。正如泰戈尔所言："你今天受的苦，吃的亏，担的责，扛的罪，忍的痛，到最后都会变成光，照亮你前行的路。"今天，不能算结束，最多只能算是开始的结束，未来的学术之路还何其长远？！可谓是"雄关漫道真如铁"，唯有继续埋头上下求索。

然而，纵然再多内疚和不安，也丝毫不妨碍我向在写作过程中诸多给予谆谆教诲、热情帮助的师友亲朋致以诚挚谢意。首先，感谢广西哲社办对本课题的大力支持。其次，要向我的博士生导师孙群力教授致以由衷的敬意和谢意。该课题的研究，正是本人当初博士学位论文的延续。孙老师学术造诣深厚，师德高尚，亦师亦友。他把我这个门外汉领进了财政学的精彩世界，并倾注了大量心血进行培育，帮助我获得点滴进步和成长。本书的出版，浸透着恩师的辛劳和汗水。求学期间，孙老师所赐予我的不仅仅是丰厚的理论涵养和科学的研究方法，更是治学、干事、做人的人生哲思与大智慧。这将成为我的毕生财富，受益终生。谢谢您，尊敬的孙老师！再次，要感谢对外经贸大学的黄冠华博士在 STATA 操作上给予的耐心指导。感谢广西财政厅的曹润林、金锦花、张与焉在调研过程中提供的帮助；感谢广西水电职业技术学院的左江林老师在数据收集上的热情帮助；感谢广西财经学院李顺明教授兄长般的鼓励和帮助。感谢梧州学院的雷飞老师、杨西春老师、赵虹老师、陈剑老师、方昌敢老师、龙文秋老师、黄雪宁老师、李苏卉老师，等等。如果没有你们对我及我爱人的帮助和支持，我恐怕是很难坚持到今天的。

经济科学出版社为本书的及时出版提供了特别重要的支持，杜鹏、张燕两位老师更是给予了大力支持，在此致以衷心感谢。

最后，特别要感谢我的妻子张堂云女士和孩子朱品阅小朋友。为了支持我的工作，妻子任劳任怨，拼尽全力，用纤弱的双肩扛起工作、家务和养育儿子的多重重任；孩子乖巧懂事，常常用稚嫩的童音鼓励爸爸要努力工作。他们是我克服困难、顺利完成学业的坚强后盾，也是我迎接未来各种挑战的动力之源。无以为报，唯有爱！

财政精准扶贫和精准脱贫问题，实践性强，涉及领域十分宽，相关理论博大精深，现实问题错综复杂，而本书还仅仅是勉强开了个头，属于初步探索，一定存在不少纰漏之处，恳请领域内的行家、方家和广大读者多多批评指正。不胜感激！

朱良华

2019 年 1 月